LAS CLAVES DEL CÓDIGO DA VINCI

nowtilus
frontera

LAS CLAVES DEL CÓDIGO DA VINCI

LA ESTIRPE SECRETA DE JESÚS Y OTROS MISTERIOS

MARIANO FERNÁNDEZ URRESTI
LORENZO FERNÁNDEZ BUENO

www.investigacionabierta.com
www.nowtilus.com

Serie: **Nowtilus Frontera**
Colección: **Investigación Abierta**
www.nowtilus.com
www.investigacionabierta.com

Título de la obra: **Las claves del Código da Vinci (11ª edición)**
Autor: © **2004 Mariano Fernández Urresti y Lorenzo Fernández Bueno**

Editor: **Santos Rodríguez**
Director de la colección: **Fernando Jiménez del Oso**
Director editorial: **Lorenzo Fernández Bueno**
Responsable editorial: **Teresa Escarpenter**
Coordinación editorial: **Isabel Sánchez**

Diseño y realización de cubiertas: **Carlos Peydró**
Diseño de interiores: **Juan Ignacio Cuesta Millán**
Maquetación: **Juan Ignacio Cuesta y Gloria Sánchez**
Producción: **Grupo ROS (www.rosmultimedia.com)**

Editado por **Ediciones Nowtilus, S.L.**
www.nowtilus.com
Copyright de la presente edición:
2004 Ediciones Nowtilus, S.L.
Doña Juana I de Castilla, 44, 3.º C, 28027-MADRID

ISBN: **84-9763-096-3**
EAN: **978 849763096-2**
Fecha: **Septiembre 2004**

Printed in Spain
Imprime: Fareso, S. A.
Depósito Legal: M. 38.358-2004

ÍNDICE

En homenaje a todas las mujeres y hombres que a lo largo de la historia fueron perseguidos por sus ideas y creencias. Sirvan estas líneas de agua para tantas hogueras

Mariano Fernández Urresti

A todos los buscadores que a lo largo de los siglos han sucumbido a manos de aquellos que no alcanzaron el conocimiento, porque éste jamás se perderá

Lorenzo Fernández Bueno

CABEZA FRÍA...

UNA DE LAS VECES QUE ESTUVE EN JERUSALÉN rodando un documental recorrí a fondo el complejo de pasadizos y cámaras que, bajo el suelo, rodean parte del muro de contención que sustentaba la plataforma de escombros y tierra sobre la que se levantaba el Templo. No tiene nada de extraordinario; cómo el lector sabe, el llamado Muro de las Lamentaciones es la parte visible del mismo al que me refiero y en uno de sus extremos está la entrada del que se conoce como "túnel de los asmoneos", por el que se accede a esos subterráneos. Tampoco ignora el lector que los restos citados corresponden al Segundo Templo, al construido en tiempo de Herodes, ya que el primero, el que edificara Salomón, fue destruido en el 586 a. de C. por las tropas de Nabucodonosor. Si hago estas innecesarias aclaraciones es porque allá abajo, en una de las zonas excavadas, quedan al descubierto varios metros cuadrados del suelo, formado por losas de piedra, que hace dos mil años, rodeaba la plataforma del Templo y que, como tantos otros, pisó con toda seguridad Jesús. Fue en ese lugar, donde, pasando mi mano sobre las pulidas losas con la delectación propia de quienes amamos el pasado, tomé conciencia de que, al igual que el escenario real de la Pasión estaba sepultado doce o catorce metros por debajo de la Vía Dolorosa que hoy recorren con veneración los peregrinos, la verdadera historia del que fuera líder de la "secta de los nazarenos" se encuentra tapada por toneladas de prejuicios y piadosas falsedades, con la diferencia de que jamás será desenterrada.

El Jesús que conocemos es de los Evangelios, tan distante del auténtico como corresponde a un personaje idealizado, con una biografía ajustada a su papel de Mesías. De otro lado, los datos históricos son irrelevantes, porque, sin demérito de sus valores espirituales, para sus conciudadanos y para los historiadores, Jesús pasó prácticamente desapercibido, fue uno más de los muchos "agitadores sociales" en la convulsa Palestina del siglo I. Saber a estas alturas cómo era el Hijo del Hombre, cuáles sus dudas y aspiraciones, la relación que tuvo con sus amigos y parientes o si vivió durante un tiempo en pareja, resulta imposible. De no haberse dado las circunstancias sociales y políticas que hicieron prosperar al cristianismo, nadie hablaría hoy de Jesús, pero su figura y la religión creada en torno a ella son un referente fundamental para centenares de millones de personas en el mundo, y eso hace inevitable la especulación, más o menos cimentada, para cubrir los muchos huecos de su biografía. De esa forma, junto al Jesús evangélico, se ha desarrollado un Jesús legendario, aún más inaprensible por el carácter iniciático de los grupos que se consideran depositarios de "secretos" concernientes a su vida, obviamente desestabilizadores desde el punto de vista religioso convencional. Bucear sin riesgo de ahogarse en ese piélago de "verdades" crípticas es sumamente difícil; hace falta, como sostiene el dicho popular, conservar la cabeza fría y los pies calientes. A mi juicio, los autores lo han conseguido y desbrozan de entre tanta paja lo sustancial para que el lector sepa qué crédito dar a la posible descendencia de Jesús, a su "matrimonio", a su secreto custodiado con celo por sociedades herméticas... y a otras cuestiones relacionadas con él que hoy están de plena actualidad.

F. JIMÉNEZ DEL OSO

"*Si usted alguna vez ha considerado la posibilidad de que el Santo Grial buscado por los caballeros del Rey Arturo es realmente el vientre de la Magdalena, entonces* El Código de Da Vinci *es su libro*"

CYNTHIA GRENIER
Weekly Standard
22 de septiembre de 2003

"El Código Da Vinci *es inexacto hasta cuando baja al detalle (...) los fieles del Opus Dei no son monjes ni visten hábito*"

FRANK WILSON
Philadelphia Inquirer
31 Agosto 2003

"*Este libro es, sin duda, el más tonto, inexacto, poco informado, estereotipado, desarreglado y populachero ejemplo de* pulp fiction *que he leído*"

PETER MILLAR
The Times
21 de junio de 2003

Unas pinceladas...

ESTIMADA LECTORA O LECTOR. Me dirijo a usted a través de esta epístola para compartir en voz alta y en su compañía dudas y vacilaciones. Enseguida descubrirá que nada cierto tengo entre los dedos y que, como aire, entre ellos se me escapa la figura de Jesús. No obstante, espero también que advierta sin que aquí tenga yo que esforzarme en probarlo, que todas estas cavilaciones nacen desde el respeto a la figura objeto de tanta atención. Del mismo modo que son producto de cierta indignación hacia el modelo único de pensamiento impuesto por otros a costa de este hombre singular que debió ser Jesús.

Los capítulos que le aguardan a la vuelta de la esquina tratan de rastrear, tomando como pretexto la millonaria novela de Dan Brown *El Código Da Vinci*, en qué pueden tener razón quienes dan pábulo a las historias del Santo Grial hecho sangre, producto de la supuesta descendencia de Jesús y María Magdalena. ¿Están todos locos de atar o se atisba por alguna parte una base sólida en esas propuestas?

Por supuesto, para que haya tal base habrá que leer de otro modo lo que de Jesús se cree saber. Para que haya tal base, primero habrá que entrar en contradicción con lo que la Iglesia ha presentado como artículos de fe. Para que haya tal base, habrá que ver si alguien nos ha dado gato por liebre durante la friolera de dos mil años…

MARIANO FERNÁNDEZ URRESTI

Que el pasado no interesa...

...es un tópico que con esta obra ha pasado a mejor vida. La existencia de Jesús —su faceta más humana—, no sólo conmueve; despierta tantas o más pasiones que su supuesta divinidad. No en vano, sólo hay que atender a lo que algunas publicaciones, especializadas unas, generalistas otras, han vertido sobre la polémica obra de Dan Brown; pocas alabando la valentía y la coherencia de los argumentos que éste presenta vestidos de novela de aventuras; los más criticando ferozmente un trabajo que ya se ha convertido, no sabemos si por méritos propios, o no, en una obra de obligada referencia a la hora de citar la "otra vida" que las crónicas apócrifas, sustentadas en contadas ocasiones por la presencia de valiosos documentos milenarios, ofrecen del nazareno, un ser que nació para sufrir los pecados de la humanidad, y cuya existencia pudo ser algo diferente a lo que narran las Sagradas Escrituras. Evidentemente son especulaciones, pero hay un principio periodístico que asegura que el rumor es la antesala de la noticia, y en este caso, hay demasiados rumores...

No obstante, antes de abordar algunas cuestiones de sumo interés, conviene no obviar lo que sobre *El Código da Vinci* se ha comentado. Ello ayudará a comprender un poco mejor los sentimientos encontrados que despierta...

El 12 de noviembre de 2003, la página *web e-cristians.com*, ofrecía a sus lectores el contundente titular "La realidad histórica que deforma *El Código da Vinci*", mostrando su profundo malestar al respecto: "*El*

Código Da Vinci es una novela de ficción anticatólica que está resultando ser un éxito de ventas en todo el mundo. Con más de 30 millones de ejemplares vendidos, traducida a 30 idiomas y con los derechos para la película en manos de *Columbia Pictures* y el director Ron Howard —con Russell Crowe de protagonista— se trata ya de un acontecimiento propio de la cultura de masas (...) Y el mensaje que transmite la novela es básicamente el siguiente:

1. Jesús no es Dios: ningún cristiano pensaba que Jesús es Dios hasta que el emperador Constantino lo deificó en el concilio de Nicea del 325.

2. Jesús tuvo como compañera sexual a María Magdalena; sus hijos, portadores de su sangre, son el Santo Grial —sangre de rey/sang real/Santo Grial—, fundadores de la dinastía Merovingia en Francia —y antepasados de la protagonista de la novela—.

3. Jesús y María Magdalena representaban la dualidad masculina-femenina —como Marte y Atenea, Isis y Osiris—; los primeros seguidores de Jesús adoraban "el sagrado femenino"; esta adoración a lo femenino está oculta en las catedrales construidas por los Templarios, en la secreta Orden del Priorato de Sión —a la que pertenecía Leonardo Da Vinci— y en mil códigos culturales secretos más.

4. La malvada Iglesia Católica inventada por Constantino en el 325 persiguió a los tolerantes y pacíficos adoradores de lo femenino, matando millones de brujas en la Edad Media y el Renacimiento, destruyendo todos los evangelios gnósticos que no les gustaban y dejando sólo los cuatro evangelios que les convenían bien retocados. En la novela el maquiavélico Opus Dei trata de impedir que los héroes saquen a la luz el secreto: que el Grial son los hijos de Jesús y la Magdalena y que el primer dios de los 'cristianos' gnósticos era femenino.

Todo esto se intenta vender como erudición, investigación histórica y trabajo serio de documentación.

En una nota al principio del libro, el autor, Dan Brown, declara: *'todas las descripciones de arte, arquitectura, documentos y rituales secretos en esta novela son fidedignas'*. Como veremos, esto es falso: los errores, las invenciones, las tergiversaciones y los simples bulos abundan por toda la novela.

La pretensión de erudición cae al suelo al revisar la bibliografía que ha usado: los libros serios de historia o arte escasean en la biblioteca de Brown, y brillan en cambio las paraciencias, esoterismos y pseudohistorias conspirativas.

Dan Brown, en su propia página *web*, dice bien claro que no ha escrito sólo una novela llena de despropósitos para divertir: *'Como he comentado antes, el secreto que revelo se ha susurrado durante siglos. No es mío'*.

El resultado es que las ventas de libros pseudohistóricos sobre la Iglesia, los evangelios gnósticos, la mujer en el cristianismo, las diosas paganas, etc… se han disparado: la *web* de libros *Amazon.com* es la primera beneficiada, enlazando *El Código Da Vinci* con libros de pseudohistoria neopagana, feminista radical y *new age*. La ficción es la mejor forma de educar a las masas, y disfrazada de ciencia —historia del arte y de las religiones en este caso— engaña mejor a los lectores.

Como afirma el dicho: *'calumnia, que algo queda, y si calumnias con datos que suenen a científico —aunque sean inventados— queda más'*.

¿Inventó Constantino el cristianismo?

TODA LA BASE 'HISTÓRICA' DE BROWN descansa sobre una fecha: el concilio de Nicea del año 325. Según sus tesis, antes de esta fecha, el cristianismo era un movimiento muy abierto, que aceptaba *'lo divino femenino'*, que no veía a Jesús como Dios, que escribía muchos evangelios. En este año, de repente, el emperador Constantino, un adorador del culto —masculino— al Sol Invicto se apoderó del cristianismo, desterró a 'la diosa', convirtió al profeta Jesús en un héroe-dios solar y montó una redada a la manera *stalinista* para hacer desaparecer los evangelios que no le gustaban.

Para cualquier lector con algo de cultura histórica esta hipótesis resulta absurda por al menos dos razones:

1. Tenemos textos que demuestran que el cristianismo antes del 325 no era como dice la novela y que los textos gnósticos eran tan ajenos a los cristianos como lo son actualmente las publicaciones *new age*: parasitarios y externos.

2. Incluso si Constantino hubiese querido cambiar así la fe, ¿cómo habría podido hacerlo en un concilio sin que se diesen cuenta no sólo miles de cristianos sino centenares de obispos.

Muchos de los obispos de Nicea eran veteranos supervivientes de las persecuciones de Diocleciano, y llevaban sobre su cuerpo las marcas de

la prisión, la tortura o los trabajos forzados por mantener su fe. ¿Iban a dejar que un emperador cambiase su fe? ¿Acaso no era esa la causa de las persecuciones desde Nerón: la resistencia cristiana a ser asimilados como un culto más? De hecho, si el cristianismo antes del 325 hubiese sido tal como lo describen los personajes de Brown y muchos neognósticos actuales

nunca habría padecido persecución ya que habría encajado perfectamente con tantas otras opciones paganas. El cristianismo fue siempre perseguido por no aceptar las imposiciones religiosas del poder político y proclamar que sólo Cristo es Dios, junto con el Padre y el Espíritu Santo.

Otros muchos errores

SANDRA MIESEL, UNA PERIODISTA CATÓLICA especializada en literatura moderna popular, no puede evitar hacer un listado de errores misceláneos del libro, como ejemplo los de su 'impecable' documentación.

Se dice que el planeta Venus se mueve dibujando un pentagrama, el llamado 'pentagrama de Ishtar', simbolizando a la diosa –Ishtar es Astarté o Afrodita–. Al contrario de lo que dice el libro, la figura no es perfecta y no tiene nada que ver con las olimpiadas. Éstas se celebraban cada cuatro años y en honor de Zeus, nada que ver con los ciclos de Venus ni con la diosa Afrodita.

El novelista dice que los cinco anillos de las olimpiadas son un símbolo secreto de la diosa; la realidad es que cuando se diseñaron las primeras olimpiadas modernas el plan era empezar con uno e ir añadiendo un anillo en cada edición, pero se quedaron en cinco.

En la novela presentan la larga nave central y hueca de una catedral como un tributo secreto al vientre femenino, con las nervaduras como pliegues sexuales, etc… Está tomado del libro de pseudohistoria *The Templar Revelation*, donde se afirma que los templarios crearon las catedrales. Por supuesto es falso: las catedrales las encargaron los obispos y sus canónigos, no los templarios. El modelo de las catedrales era la iglesia del Santo Sepulcro o bien las antiguas basílicas romanas, edificios rectangulares de uso civil.

El Priorato de Sión realmente existe, es una asociación francesa registrada desde 1956, posiblemente originada tras la II Guerra Mundial, aunque clamen ser herederos de masones, templarios, egipcios, etc… No es creíble la lista de Grandes Maestres que da la novela: Leonardo Da Vinci, Isaac Newton, Victor Hugo…

La novela dice que el tetragramaton YHWH, el nombre de Dios en letras hebreas, viene de *'Jehová, una unión física andrógina entre el masculino Jah y el nombre pre-hebreo de Eva, Havah'*. Al parecer, nadie ha explicado a Brown que YHWH —que hoy sabemos que se pronuncia Yahvé— empezó a pronunciarse 'Jehová' en la Edad Media al interpolarse entre las consonantes las vocales de 'Adonai'.

Las cartas del tarot no enseñan doctrina de la diosa; se inventaron para juegos de azar en el s.XV y no adquirieron asociaciones esotéricas hasta finales del s.XVIII. La idea de que los diamantes de la baraja francesa representan pentáculos es un invento del ocultista británico A. E. Waite. ¿Qué dirán los esotéricos de la baraja española con sus copas —símbolos sexuales femeninos— y sus espadas —símbolos fálicos, quizá como los garrotes…—?

El Papa Clemente V no eliminó a los templarios en un plan maquiavélico ni echó sus cenizas al Tíber: el Tíber está en Roma y Clemente V no, porque fue el primer papa en Avignon. Toda la iniciativa contra los templarios fue del rey francés, Felipe el Hermoso. Masones, nazis y ahora los neognósticos quieren ser herederos de los templarios.

Mona Lisa no representa un ser andrógino, sino a Madonna Lisa, esposa de Francesco di Bartolomeo del Giocondo. Mona Lisa no es un anagrama de los dioses egipcios Amón e Isa —Isis—.

En 'La Última Cena' de Leonardo, no aparece el cáliz y aparece el joven y guapo San Juan, el discípulo amado. La novela dice que el joven guapo en realidad es María Magdalena, que ella es el Grial. La verdad es que no sale el cáliz porque el cuadro está describiendo 'La Última Cena' tal como sale en el Evangelio de San Juan, sin institución de la Eucaristía, más concretamente cuando Jesús avisa *'uno de vosotros me traicionará'* (Juan 13,21).

La novela habla de que Leonardo recibió muchos encargos de la Iglesia y *'cientos de lucrativas comisiones vaticanas'*. En realidad Leonardo pasó muy poco tiempo en la ciudad eterna y apenas le mandaron algún encargo.

En la novela presentan a Leonardo como un homosexual ostentoso. En realidad, aunque en su juventud fue acusado de sodomía, su orientación sexual no está del todo clara.

La heroína, Sophie Neveu, usa el cuadro de Leonardo 'La Madonna de las Rocas' como un escudo y lo aprieta tanto a su cuerpo que se dobla: es asombroso, porque se trata de una pintura sobre madera, no sobre lienzo, y de casi dos metros de alto.

Según los protagonistas de la novela, *'durante trescientos años la Iglesia quemó en la estaca la asombrosa cifra de cinco millones de mujeres'*. Esta es una cifra repetida en la literatura neo-pagana, *wicca*, *new age* y feminista radical, aunque en otras *webs* y textos de brujería actual se habla de 9 millones. Los neopaganos necesitan una *shoah* propia. Cuando acudimos a historiadores serios se calcula que entre 1400 y 1800 se ejecutaron en Europa entre 30.000 y 80.000 personas por brujería. No todas fueron que-

madas. No todas eran mujeres. Y la mayoría no murieron a manos de oficiales de la Iglesia, ni siquiera de católicos. La mayoría de víctimas fue en Alemania, coincidiendo con las guerras campesinas y protestantes del s.XVI y XVII. Cuando una región cambiaba de dominación, abundaban las acusaciones de brujería y la histeria colectiva. Los tribunales civiles, locales y municipales eran especialmente entusiastas, sobre todo en las zonas calvinistas y luteranas. De todas formas, la brujería ha sido perseguida y castigada con la muerte por egipcios, griegos, romanos, vikingos, etc... El paganismo siempre mató brujos y brujas. La idea del neopaganismo feminista de que la brujería era una religión feminista precristiana no tiene base histórica.

Y se podría seguir diseccionando los errores y los simples engaños de este *best-seller* mentiroso. Por no hablar de su calidad literaria. Pero, ¿vale la pena tanto esfuerzo por una novela? La respuesta es sí: para miles de jóvenes y adultos, esta novela será su primer, quizá único contacto con la historia antigua de la Iglesia, una historia regada por la sangre de los mártires y la tinta de evangelistas, apologetas, filósofos y Padres. No sería digno de los cristianos del s.XXI ceder sin lucha ni respuesta ante el neopaganismo el espacio que los cristianos de los primeros siglos ganaron con su fidelidad comprometida a Jesucristo".

COMO VEMOS EL ENFADO ES MONUMENTAL, y los argumentos para desmentir los puntos fundamentaleas de esta obra aparentemente contundentes... Pero no olvide el lector que aquí se pretende ejercer el principio básico del periodismo: informar con rigor, de ambas caras de la moneda; y la otra cara, la "pagana", no está exenta de argumentos igualmente convincentes. Y no sería el único medio en esbozar la crítica, o más bien en ejercerla... Peter Millar, el 21 de junio de 2003 afrontaba el polémico asunto en el prestigioso tabloide *The Times*, bajo el sugerente título de "Santa Farsa". Decía así: "Hay algo en las investigaciones arqueológicas, los cuentos de antiguas reliquias y la iconografía mística que logra convertir las típicas historias de bombas y balas en verdaderas historias de misterio mágico.

En este sentido, una novela que comienza con el extraño asesinato de un conservador del Louvre, sucesor de Leonardo da Vinci e Isaac Newton como jefe de una sociedad secreta dedicada a la ocultación del Santo Grial y la verdad sobre Cristo, logra poner los pelos de punta y casi inspira la fe en el editor.

Pero el título de la novela de Dan Brown *El Código Da Vinci* debería ser una advertencia, pues evoca la fórmula infame usada por Robert

MARIANO FERNÁNDEZ URRESTI Y LORENZO FERNÁNDEZ BUENO

Ludlum: artículo determinado y palabra ordinaria, a la que se interpone un exótico adjetivo calificativo.

Desde *La Herencia Scarlatti*, pasando por *El Círculo Matarese* y hasta *El Engaño Prometheus*, Ludlum entretejió una trama de complots extravagantes protagonizados por personajes acartonados que entablan diálogos ridículos.

Dan Brown, me temo, es su digno sucesor.

Este libro es, sin duda, el más tonto, inexacto, poco informado, estereotipado, desarreglado y populachero ejemplo de *pulp fiction* que he leído.

Ya es malo que Brown abrume al lector con referencias *new age*, mezclando el Grial con María Magdalena, los caballeros Templarios, el Priorato de Sion, el Rosicrucianismo, Fibonacci, el culto a Isis y la Edad de Acuario. Pero es que además lo ha hecho mal.

Al comienzo de la novela, encontramos un ejemplo. Sophie, la heroína, policía francesa experta en criptografía, cuenta que su abuelo le dijo que '*asombrosamente 62*' palabras podían derivarse de la palabra inglesa *planets*.

'*Sophie pasó tres días con un diccionario inglés hasta que encontró todas*'. No soy criptógrafo, pero, incluyendo plurales, conseguí 86 en 30 minutos.

No sorprende, entonces, que Sophie y su compañero americano se queden desconcertados ante un extraño texto del que sospechan que está escrito en alguna lengua semítica. Finalmente, resulta estar en inglés como si fuese reflejado en un espejo –y así parece exactamente–.

Esto serían nimiedades si no fuese porque la trama se basa en la búsqueda de un tesoro al que conducen estas pistas. Tardan una eternidad, por ejemplo, en comprender que el nombre de la protagonista –Sophie– es un derivado de 'Sofía', que significa 'sabiduría'.

Además 'de los rompecabezas', el libro está mal compuesto con ideas falsas, despistes y descripciones tomadas directamente de guías turísticas para viajeros. Sorprendentemente, Brown cree que es difícil hacer llamadas internacionales con un móvil francés, que la Interpol registra cada noche quién duerme en los hoteles parisinos, que alguien en Scotland Yard contesta a las llamadas con un 'aquí la policía de Londres', que el inglés es una lengua que no tiene ningunas raíces latinas, e Inglaterra un país donde siempre llueve –bueno, quizá en eso tenga razón–.

Como no podía ser menos, el estirado personaje británico, llamado sir Leigh Teabing, es una caricatura de sir John Gielgud cuya contraseña de seguridad es preguntarles cómo quieren tomar el té. La respuesta correcta –qué extraño...– es *'Earl Grey con leche y limón'*.

La solución del misterio es totalmente insatisfactoria y los tipos presuntamente malvados, el Opus Dei y el Vaticano, salen al final airosos –quizá por miedo a los pleitos–.

Los editores de Brown han obtenido un puñado de elogios brillantes de escritores de película de suspense americanas, de esos de tercera fila. Sólo se me ocurre que la razón de su alabanza exagerada se debe a que sus obras quedan elevadas a la categoría de obra maestra cuando se las compara con este libro".

Suma y sigue, pues los diarios españoles también se hicieron eco, generalmente para ejercer agresivas críticas de una obra que continuaba, y continúa, levantando encontradísimas polémicas. Así, el diario *El Mundo*, en su separata *El Cultural*, publicaba de la mano de Rafael Narbona el 4 de diciembre de 2003 la siguiente crónica: "Los libros que nacen con vocación de *best-seller* apenas logran ocultar su condición de productos manufacturados. *El código Da Vinci* no es una obra de creación, sino un artefacto concebido para transformarse en un fenómeno comercial. Reúne todos los elementos que garantizan el éxito fácil: una trama policíaca, con conexiones políticas y religiosas, unos personajes estereotipados, ciertas dosis de trascendencia filosófica, un erotismo libre de estridencias y una escritura plana.

Robert Langdon, un experto en simbología con aires de Harrison Ford, descubrirá que el Santo Grial no es una copa sino el nombre oculto de María Magdalena. Descendiente de reyes, María Magdalena no fue una prostituta sino la esposa de Jesús y la madre de su hija, Sarah. Su vientre recibió la sangre de Cristo y su misión era perpetuar el linaje de un profeta mortal, que sólo se convirtió en Hijo de Dios por efecto de manipulaciones posteriores. Jesús escogió a Magdalena como cabeza de su Iglesia, pero Roma nunca aceptó ese legado, organizando las Cruzadas para destruir los documentos que revelaban la verdad.

El Priorato de Sion surgió como una orden secreta encargada de conservar las pruebas que acreditaban la existencia del linaje engendrado por Jesús y Magdalena. Leonardo da Vinci, Boticeli, Newton y Víctor Hugo pertenecieron a esa sociedad. Cumplieron con su compromiso, pero sembraron sus obras de símbolos que aludían a esa historia: el apóstol que ocupó la derecha de Cristo en 'La Última Cena' de Leonardo no es otro que María Magdalena.

Tal Vez Brown haya pretendido emular a Umberto Eco, mezclando misterio, erudición y filosofía, pero sólo ha conseguido elaborar un libro oportunista y pueril. La perplejidad de Langdon ante una inscripción que se atribuye a una lengua muerta se resuelve cuando un espejo revela que las letras están simplemente invertidas. La presunta implicación del Vaticano sólo evidencia una obscena complacencia con el escándalo. Ron Howard ya ha manifestado su intención de realizar una adaptación cinematográfica. Si es cierto que los malos libros inspiran excelentes películas, habrá que esperar una obra maestra".

Como veremos más adelante, los compañeros del periódico español no iban mal encaminados, pero evidentemente más parecía que habían oído llover, sin saber de dónde...

En esta introducción, que pretende mostrar la repercusión que la célebre novela ha tenido en todo el mundo, desde Japón a Hawai y desde Chile hasta Finlandia, no podían faltar los medios de comunicación norteamericanos, algunos de los cuales acogieron a Brown con fanática devoción, en un sentido y en otro. El *Chicago Sun Times*, el 27 de septiembre de 2003, a través del doctor Thomas Roeser, aseguraba que "en nuestra 'correcta' sociedad, una declaración racista, antijudía, contraria a los homosexuales o las mujeres puede descalificar a un escritor durante mucho tiempo. Pero no ocurre así con los insultos a Jesucristo y a sus discípulos. Paradójicamente: escribir un libro extenso sobre una conspiración católica llena de chismes supone obtener abundantes beneficios y notoriedad.

La novela mezcla realidad y ficción en forma de docudrama y arroja conjeturas sin fundamento contra el catolicismo. La supuesta 'investigación' de Brown bebe de las fuentes de un feminismo extremista. Estas excéntricas conjeturas se mezclan con hechos e investigaciones chapuceras.

La novela forma parte de un género que presenta un odioso estereotipo del catolicismo como un villano. El odio al catolicismo impregna todo el libro, pero las peores invectivas las recibe el Opus Dei".

Días antes, el prestigioso *New York Daily News*, titulaba una de sus crónicas con el sugerente "Código caliente, crítica ardiente", en el cual la periodista Celia McGee dejaba muy claro que "la novela es fuertemente deudora de dos obras anteriores de investigadores aficionados: *The Templar Revelation: Secret Guardians of the True Identity of Christ* y *Holy Blood, Holy Grail*, una especulación sobre la pasión de Cristo. Los dos trabajos han sido desacreditados por la mayor parte de los investigadores serios". Sus errores de bulto sólo pueden no llamar la atención del lector poco instruido.

No obstante, no se puede decir que fuera más benigno el universal *New York Times*, cuando uno de sus críticos más afamados, Bruce Boucher pontificaba sobre *El Código* que "más que una película, lo que parece que Brown ha compuesto ha sido una ópera de espías. Aquí viene a propósito la frase de Voltaire: *'Si algo es demasiado tonto para ser dicho, al menos siempre podrá ser cantado'*".

¿CRUDO? ES POSIBLE que se puedan utilizar otros adjetivos además de éste para intentar reflejar la saña descarnada con la que algunos medios de reconocido prestigio se han cebado con este libro. Veamos algunos ejemplos más...

El 8 de junio de 2003 *Our Sunday Visitor* anima a sus lectores a emprender una lucha sin cuartel contra este trabajo, pues su contenido *"es un ataque al Catolicismo"*. Amy Welborn, que firma el escrito, no elude el enfrentamiento directo aludiendo que *"El Código Da Vinci* no aporta nada, aunque quizá enriquezca la paciencia del lector. Además no se trata de un misterio real, y el estilo es espantosamente banal, incluso para el propio género de ficción. Es pretencioso, fanático. Muy pocas cosas de este entramado son propiamente originales. La mayoría de ellas proceden del fantasioso trabajo *Holy Blood, Holy Grail*, presentado como histórico, y el resto son remiendos de ridículas y gastadas teorías esotéricas y gnósticas. El tratamiento de Brown a la Iglesia Católica Romana también es poco original. Repite acríticamente, entre otras mentiras y distorsiones, como por ejemplo que la Iglesia fue responsable de matar a cinco millones de brujas condenadas durante la Edad Media. Tampoco estamos ante una novela de suspense bien trabajada. Hay pocas acciones destacables".

Y ASÍ UNO TRAS OTRO. ¿Qué demonios contiene la obra de Browm, que tanta saña ha despertado por parte de sus detractores? Algo muy sugerente sin duda, o quizá demasiado incómodo.

Ahora, lejos de las enardecidas polémicas o de los enconados debates, apelando a la libertad de la que el periodista goza para exponer el resultado de sus investigaciones, que en algunos casos se prolongan durante años, intentaremos arrojar respuestas a tantas interrogantes.

Llegados a este punto es importante que el lector no versado en estas lides se libere de equipajes pesados en los que sólo caben prejuicios; si usted es así, éste libro no es un buen compañero de viaje. Sin embargo, si desea conocer otra versión de la historia, esa que generalmente no se halla en los libros de texto, acaba de dar un paso certero.

Y es que las crónicas a lo largo de los siglos son lo suficientemente reveladoras para permitir que ejerzamos un derecho tan humano como necesario: dudar.

Obviando partidismos y posicionamientos en uno u otro "bando", esta obra es el resumen de una vida de viajes recorriendo lugares, algunos lejanos, que quedaron marcados por la presencia de un ser excepcional al que la historia ha querido llamar Jesús, y denominar el Cristo. Son 232 páginas que pretenden ofrecer al lector curioso las claves que encierra este *best-seller* del que se llevan vendidos casi diez millones de ejemplares en todo el mundo, habiéndose convertido en un auténtico fenómeno editorial, y social... Porque el autor ha sabido utilizar de manera inteligente las dosis de "historia apócrifa", rodeándola de una trama propia de una novela de aventuras. Y es que, la conclusión a estas alturas es que el pasado interesa; más aún, que ese pasado en concreto entusiasma, sacando los dioses y los demonios que todos llevamos dentro. Quizá ahí resida el éxito de *El Código da Vinci*; en la perfecta fusión de elementos ficticios, con otros, que muchos piensan ya que tras los mismos se halla la verdadera historia de los últimos dos mil años; una historia de tramas ocultas, de enfrentamientos sangrientos en aras de la defensa de los respectivos intereses; unos por proteger el secreto... y otros por destruirlo. Ésto es lo que se encierra en las páginas del polémico libro de Dan Brown... Después, que cada cuál piense lo que considere oportuno. *Introito...*

LORENZO FERNÁNDEZ BUENO

ACTO I

Rey
Jesús

"*...hijo de David, hijo de Abraham...*"

(MT 1,1)

LA ÚLTIMA VEZ QUE SE LE VIO no tenía precisamente buen aspecto. Le habían clavado sobre una cruz y terribles heridas supuraban por su espalda como consecuencia de una salvaje sesión de latigazos; las manos estaban perforadas en puntos estratégicamente elegidos para evitar el desgarro de los tendones de la zona, y aquellos clavos debían causar descargas insoportables sobre su estructura nerviosa; la pelvis rozaba sobre el rugoso tronco vertical lacerando el perineo; los huesos de los pies se habían quebrado como cristales después del brutal aguijón de las puntas que les sujetaban al leño oscuro y sus pulmones, que nada sabían de divinidades, se esforzaban por ser humanos captando todo el aire que podían, aunque era obvio lo magro de su captura; estaba, además, deshidratado, sin haber ingerido alimento alguno desde hacía más de cincuenta horas y en nada recordaba al que fue. A todo esto, ¿quién fue?

Y podríamos imaginar, como si hubieramos sido una de aquellas figuras que miraban hacia lo alto actuando de testigos mudos, la caída de una gota de sangre espesa resbalando por su cuerpo. La gota de sangre —¡plof!— se precipitó a tierra, ahuecada como un cáliz para la ocasión. Y aquella gota de sangre fue semilla imperecedera...

¿Qué creemos saber?

"MUCHAS OTRAS COSAS HIZO JESÚS, que, si se escribiesen una por una, creo que este mundo no podría contener los libros". Así finalizó Juan su Evangelio. Pero más le valía —a él y a todos los otros cronistas— haber sido más prolijos en detalles, porque de ese modo el encabezamiento de este apartado no sería el mismo, sino: "¿Qué sabemos?". Resulta que los datos son tan vagos —ya se verá— y los reporteros tan pésimos, que otros muchos autores han tratado de reconstruir la vida de aquel hombre que llamaron Jesús de Nazaret. Y para ello se han escrito ensayos y también novelas. Algunas de esas obras parecen descender por un tobogán hacia el desvarío. ¿Es el caso de *El código Da Vinci*, la novela de Dan Brown?

¿O tal vez atina tanto que es por ello que millones de personas se han sentido fascinadas con su lectura –tal y como le ocurriera a Juan José Benítez con su *Caballo de Troya*–, como si todos necesitasen una versión más auténtica de aquellos hechos? Pero, ¿de qué hechos hablamos?

Lo que sabemos de Jesús es lo que ha quedado en cuatro pequeños libros escritos por gente que firmó bajo los nombres de Mateo, Marcos, Lucas y Juan. Esos libros, conocidos popularmente como Evangelios –palabra que designaba en su momento sólo a quien portaba una noticia, ya fuera ésta buena o mala–, terminaron siendo los únicos admitidos por la Iglesia, como enseguida se verá, y pasaron a tener rango de transmisores de una buena noticia: la "Buena Nueva". ¿En qué consistía? Básicamente en que Dios había enviado a la Tierra a su Hijo para predicar un determinado mensaje y después Éste se había dejado matar para redimir nuestros pecados. Y eso porque en el modelo cultural judío se había decidido en su día que el hombre estaba en pecado desde los más roñosos tiempos, cuando Eva cometió el grave error de echar mano al fruto prohibido en el Edén. Sin embargo, ¿cómo podemos estar tan seguros de que la versión que esos cronistas ofrecen es la

Adán y Eva, causantes de la "pecaminosa" humanidad.

correcta? Realmente no lo podemos saber a ciencia cierta. Sólo la fe nos sirve de báculo en ese sendero; la fe en la opinión de la Iglesia al respecto, se entiende.

Mateo, a quien la iconografía religiosa terminará representado en las portadas románicas como un ángel, pudo ser el publicano al que, según el Evangelio, Jesús incluye en sus filas sin apenas mediar cuatro palabras. Eusebio dejó escrito que predicó durante quince años por aquellos andurriales antes de partir hacia Etiopía, pero ya marchó con su obra escrita. La tradición afirma que en Salerno reposan sus restos. Los exégetas aseguran que se basó para la realización de su obra en el texto de Marcos, además de en una supuesta y desconocida fuente que contiene las sentencias de Jesús. La redacción de todo ello pudo tener lugar hacia el 80 d. de C.; es decir, medio siglo después de cuánto pretende narrar con fidelidad.

El Evangelio de Marcos —el león del Tetramorfos románico, la representación del Dios de cuatro cabezas— se orienta preferentemente a describir lo que les sucede a Jesús y a sus acompañantes en Jerusalén durante unos pocos días, y en ello emplea la tercera parte de su obra. En cambio, el resto de la vida del Nazareno se despacha en sólo una cuarta parte del libro. ¿Cuándo se escribió? Dicen que pudo ser entre el 65 y el 70 d. de C., con lo que quizá pretendió dar un mensaje de esperanza a los cristianos que ya por aquellas fechas estaban siendo torturados por Roma. En cualquier caso, no puso ni un punto y coma hasta que habían pasado alrededor de treinta años de toda aquella espectacular historia.

En cuanto a Lucas —el toro del Tetramorfos—, podemos decir que era un hombre culto, instruido —tal vez médico y de origen sirio— y que fue el ayudante de un sujeto llamado Saulo, perseguidor de cristianos antes de ser su más ferviente seguidor y cambiar de nombre para pasar a ser Pablo; ya saben, el de Tarso. Lucas es su vocero. Es autor también de los *Hechos de los Apóstoles*, a los que más adelante prestaremos atención, y se dirige en ambos a un tal Teófilo, que no sabemos si es sólo

MARIANO FERNÁNDEZ URRESTI Y LORENZO FERNÁNDEZ BUENO

una licencia literaria —"¿amigo de Dios?"— o un personaje real. El texto pudo cobrar vida hacia el 80 d. de C.

Y finalmente están las cuartillas atribuidas a Juan, de quien se suele decir que no era otro que el Zebedeo, "el hijo del trueno", hermano de Santiago y uno de los que siempre parecen estar cerca de Jesús en estas historias. Pero resulta increíble que un pescador sin preparación haya sido capaz de componer un texto como éste, oscuro, lleno de sím-

Representación del siniestro Tetramorfos en la iglesia de Santiago, en la localidad castellano-leonesa de Carrión de los Condes.

bolos y el más alejado de la manera de escribir de los demás, a los cuales se denomina sinópticos —del griego *syn-orao*: ver conjuntamente—, pues distribuyéndolos en forma de columna se puede seguir más o menos lo que sucede de modo ordenado. Pero Juan se sale de esa línea y ofrece un texto que podemos considerar pleno de iniciación y que, a decir de los que saben de esto, pudo ser redactado alrededor del 100 d. de C.

Durante siglos, la Iglesia se ha esforzado en diseñar un Jesús a medida de sus pretensiones, que básicamente son las de Pablo de Tarso, el tipo al que, una y otra vez, se loa y alaba en los *"Hechos..."* hasta presentarle como apóstol ante los gentiles. A pesar del nombre de ese texto —*Hechos de los Apóstoles*— lo cierto es que no se menciona en todas sus líneas nada más que de pasada a Pedro, a Juan y a Santiago; del resto, ni rastro. El único protagonista es Pablo, una y otra vez. Pablo que se jacta de no conocer a los discípulos directos de Jesús nada menos que tres años después de ingresar en la secta cristiana. Pablo que mantiene una teoría cristiana diferente y enfrentada violentamente a los demás seguidores de Jesús, tal y como se ponía de manifiesto en el libro *La cara oculta de Jesús* (Ed. Nowtilus, 2002). Pablo, que hizo tal vez de un hombre —aunque extraordinario— un Dios...

En 1947, en Qumrán, al pie del mar Muerto, se produjo un accidental descubrimiento de importancia aún por calibrar. Unos beduinos dieron con el escondite de un grupo de textos a los que genéricamente se conoce con el nombre de "Manuscritos del Mar Muerto" y cuyo contenido sigue siendo objeto de todo tipo de polémicas, puesto que hay investigadores que afirman que allí se ofrecen los orígenes del movimiento cristiano. Esos pergaminos serían el legado de una de las tres sectas judías más poderosas que existieron en la Palestina de la época de Jesús: los esenios. Y hay quien afirma que Jesús aprendió allí todo cuanto puso en práctica, e incluso no faltan los que le presentan con un perfil nacionalista, opuesto violentamente al yugo romano.

Dos años antes, en 1945, en el Alto Egipto, en Naj Hammadi se había descubierto, también por azar —que a lo mejor es el seudónimo de Dios— un verdadero arsenal de textos a los que se ha dado el nombre de "Gnósticos". En ellos, de nuevo, resulta que la imagen que se presenta de Jesús es totalmente diferente a la que los cuatro evangelistas de marras ofrecen.

Sucedió que ya desde el mismo momento en que muere nuestro protagonista hay gente que quiere enredar en el avispero y perjudicar los intereses de Pablo, el cual había mostrado una extraordinaria habilidad "comercial" para presentar el "producto" cristiano en un "mercado" amplio. Nos explicamos: el mundo grecorromano estaba repleto de dioses. Uno más no hubiera variado el censo divino. Pero lo asombroso estaba en que ese dios había sido un hombre, en cuya vida, eso sí, habían sucedido muchas cosas extraordinarias, no siendo las menores haber nacido de una mujer virgen y, ¡ahí queda eso!, haber resucitado al tercer día. Ese era el "producto" de Pablo. El mismo que le enfrentó a los seguidores de Jesús que sí conocieron al Maestro, lo que Pablo de Tarso no podía decir, por lo que trató de enjugar su desventa-

Los manuscritos del Mar Muerto resultaron reveladores...

ja teniendo una visión directa de Dios con caída desde un caballo incluida.

Sin embargo, eran muchos los cristianos que no estaban de acuerdo con aquella versión y pusieron por escrito lo que sabían. Con el tiempo, a lo largo de los siglos II y III, un amplio número de evangelios *apócrifos* comenzó a circular sin control. En ellos aparecían conceptos procedentes de religiones solares, especialmente egipcias, como ya se verá.

Pero con el paso del tiempo la Iglesia, después de que Constantino tuviera una visión en el cielo indicándole el "signo con el que vencería", pasó de torturada a torturadora. El emperador Constantino dictó en 313 el "Edicto de Milán" autorizando la libertad de esa religión antes de hacerse él mismo cristiano militante. Y bajo su mandato se convocó el Concilio de Nicea –325 d. de C.– en el que, entre otras cosas, se podó del árbol del cristianismo todos los textos que no gustaban a la Iglesia paulina. ¿Por qué?

Entre otras cosas, los textos gnósticos hablaban de la posibilidad de que el hombre entrara en contacto con Dios sin la mediación de clero alguno. Afirmaban la existencia de una doctrina secreta dispensada por Jesús a un grupo de fieles que no eran los llamados apóstoles y cuya aplicación traía como consecuencia la *gnosis* o "Conocimiento". Y con la *gnosis*, el hombre –o la mujer, pues esa era la otra cuestión clave–, como indica Elaine Pagels, *"se convierte no en cristiano, sino en Cristo"*. Esas palabras misteriosas de Jesús pudieron estar escritas en alguna parte. Por eso Ireneo, obispo de Lyon en 180 d. de C. y militante en el bando "oficial" de la Iglesia, decía que los herejes *"se jactan de poseer más Evangelios de los que realmente existen"*.

Pero hemos mencionado a las mujeres.

En efecto, en esas enseñanzas misteriosas que al parecer Jesús impartió a un grupo de elegidos las mujeres jugaban un papel estelar. Ellas podían oficiar ceremonias, no en vano había grupos, como los *ofitas* –de *ofis* o serpiente en griego–, que adoraban a la serpiente como portadora de Conocimiento, y que fue quien abrió los ojos a Eva. Después, Eva fue maestra de Adán. ¡Casi nada para un estómago clerical no entrenado!

En la novela de Dan Brown uno de los personajes, Teabing, le explica a Sophie estas mismas cosas de un modo más resumido y que podemos sintetizar mediante la elección de algunas de las frases que se emplean en la escena. Por ejemplo, cuando el historiador inglés sostiene que Jesús, *"como descendiente de las familias del rey Salomón y el rey David (...) estaba legitimado para reclamar el trono del monarca a los judíos"*, para añadir después a propósito de los textos sobre su persona: *"Es comprensible que miles de seguidores de su tierra quisieran dejar constancia escrita de su* vida (...). *Para la elaboración del Nuevo Testamento se tuvieron en cuenta más de ochenta evangelios, pero sólo unos pocos acabaron incluyéndose, entre los cuales estaban los de Mateo, Marcos, Lucas y Juan"*.

Y sobre la posición política y religiosa de Constantino que hemos resumido, el autor de *El Código Da Vinci* añade la capacidad del emperador como "empresario", ya que viendo que el cristianismo estaba en plena pujanza, lo que favoreció fue una transformación de los símbolos paganos bajo un nuevo aspecto dentro de la nueva ortodoxia cristiana. Por ello Langdon, otro de los protagonistas de la novela, explica a Sophie que *"los vestigios de la religión pagana en la simbología cristiana son innegables. Los discos solares de los egipcios se convirtieron en las coronillas de los santos católicos..."*. Y más tarde sentencia: *"Nada en el cristianismo es original"*. Incluso los cristianos, asegura el novelista, respetaban el *sabath* judío, pero Constantino modifica esa costumbre trasladando el día de reposo al domingo, que era cuando los paganos adoraban al Sol, el dios pagano. Y no pararon de buscarle fechas al nacimiento de Jesús durante siglos hasta que al final obligan al personal a celebrar la efeméride en el solsticio de invierno, justo cuando nace el nuevo Sol.

Brown cita también a Napoleón, quien llegó a afirmar que la historia no es sino *"una fábula consensuada"*, a propósito de los escritos que finalmente han llegado a nosotros gracias al celo de la Iglesia, y también respecto a los otros muchos que no han llegado justo por la misma causa. La Iglesia de Pablo, claro está, que fue la que se llevó el gato al agua. En buena medida esta novela de amplia aceptación popular se basa en la posible existencia de los *Documentos Puristas*, que serían *"miles de páginas de papeles anteriores a la época de Constantino, no manipulados, escritos por los primeros seguidores de Jesús, que lo reverenciaban absolutamente en tanto que maestro y profeta humano"*. Incluso en ese tesoro pudiera estar incluido el documento conocido bajo la inicial *"Q"*, cuya existencia ha sido admitida hasta por el Vaticano. Se trataría, se indica en la novela, *"de un libro con las enseñanzas de Jesús escritas tal vez de su puño y letra"*.

La obra, ya se ve, mezcla hábilmente argumentos literarios con hechos históricos reales, tal y como hemos venido refiriendo hasta ahora. Y esos textos malditos existieron, como existieron sus autores. Y a todos asesinó la Iglesia oficial. No quedó ni uno para contarlo. ¿O sí?

La urgencia de un Mesías

David, rey de Israel y primero de una estirpe divina.

SI NOS VIÉSEMOS EN LA OBLIGACIÓN de hacer un resumen cronológico de lo ocurrido al pueblo judío desde que a Abraham le sale la barba y abandona Ur, ciudad de Caldea, para ir dando tumbos allá donde le ordena su caprichoso y belicoso Dios, el resultado podría ser el siguiente.

Abraham empieza su singular aventura alrededor del 1800 a. de C. Después llegan sus descendientes más populares: Isaac, Jacob –que luego se llamará Israel– y los doce hijos de éste, todos los cuales terminarán en Egipto alrededor de 1650 a. de C. Allí están hasta que Moisés les saca del país de las pirámides aproximadamente en 1250, seguramente tras haber robado secretos conocimientos a los sacerdotes del Nilo.

Tras cuarenta años curtiéndose bajo el sol del desierto, enfrentándose entre sí y con todo el mundo, decidieron establecerse en la llamada "Tierra Prometida", que no era sino el hogar de otros pueblos, todos los cuales sufrirán la ira de Yavhé, el dios del Antiguo Testamento.

Moisés muere y le sucede Josué, pero no será hasta la llegada de Saúl cuando se inaugure la monarquía en este pueblo. El segundo de sus reyes se llamó David, y es quien ahora nos interesa. Él fue el conquistador de la capital de los Jebuseos, Jerusalén. Su gobierno se prolongó entre 1012 y 972 a. de C. Posteriormente llegó su famoso y enigmático hijo Salomón, quien construyó el Primer Templo donde ocultar el Arca de la Alianza que Yavhé había ordenado construir a Moisés en el desierto.

¿Por qué nos interesa David? Pues porque de su estirpe, si damos crédito a los Evangelios "oficiales", desciende Jesús. Sigamos con un poco más de historia.

Tras Salomón, el reino se divide —Israel al norte; Judá al sur—. Es la antesala de la tragedia. En 586 el rey Nabuconodosor toma Jerusalén y los judíos son deportados a Babilonia. Empieza el cautiverio. No obstante, Ciro el persa autoriza el regreso en 538 a. de C. y se construye un segundo templo. Después vendrá la conquista de Alejandro Magno en 332 a. de C. y varias convulsiones más hasta que Pompeyo, en 63 a. de C., se hace con este terruño para incorporarlo a la grandiosa hacienda romana. Para entonces, y a la vista de lo moradas que las ha pasado, en este pueblo de "dura cerviz" ya había cuajado la idea de un Mesías, de un libertador.

Antes de proseguir, recojamos algunas ideas que deslizan autores como Laurence Gardner y que se refieren a la permisividad del rey Salomón, que ya se sabe que era sabio, ante el culto a otros dioses —especialmente una diosa— que tenían los naturales de aquellas tierras conquistadas (I Reyes 11,4–10). Esa divinidad femenina se llamaba Astarté; en Egipto nos hubiéramos topado con ella bajo la identidad de Isis. Y asegura esta fuente que tal vez la idea judía de un dios masculino no fraguó hasta el cautiverio en Babilonia, dado que fue allí, y no en otra parte, donde se compiló buena parte de los libros que con posterioridad conformaron la Biblia. Es por ello que se incorporan historias que son, obviamente, sumerias y mesopotámicas, como la Torre de Babel, el Jardín del Edén o el Diluvio Universal. Y también fue allí, en el frío cautiverio, donde se redactó la idea de un Mesías, de un rey ungido: un líder político.

Ya antes, Isaías —al que podemos situar temblorosamente en 700 a. de C.—, viendo la amenaza siria, se había sacado de la manga un canto para la esperanza del pueblo y también para amenazar al rey sirio Ajaz: *"Escucha pues, casa de David (...) El Señor mismo os dará una señal: una virgen dará a luz a un niño, a quien llamará Emanuel"*. Suponemos que Ajaz se asustaría algo. Pero si le llegan a decir que el infante nacería setecientos años después, se monda de risa. Por tanto, ¿aquella amenaza aludía realmente a Jesús, quien, por cierto, es obvio que no se llamó Emanuel?

¿Se cumple la profecía?

Cuando Jesús viene al mundo, ya lo sabemos, es Roma la dueña y señora de Palestina. Los judíos odian a los invasores y un líder hubiera sido un peligro para el imperio; un verdadero Mesías, con el sabor religioso que debía tener, también era inadmisible para los sacerdotes del Sanedrín. Y se nos ocurre caer en la tentación de decir que al Sanedrín, repleto de fariseos y saduceos, aquel Mesías les resultaba tan perjudicial como hoy lo sería para la Iglesia el propio Jesús.

El caso es que los tres evangelistas *sinópticos* se esfuerzan en resaltar la genealogía real de Jesús. Mateo comienza sin más escribiendo: *"...hijo de David, hijo de Abraham"*, (Mt, 1, 1). Versículos después subraya el carácter maravilloso de la concepción de Jesús y, sin darnos tregua, echa mano de la profecía de Miqueas (5,2) para justificar la adoración de los Magos: *"Y tú, Belén, tierra de Judá/de ninguna manera eres la menor/entre los clanes de Judá/pues de ti saldrá un caudillo/que apacentará a mi pueblo, Israel"*. Obsérvese: "caudillo".

Y también está la profecía de Isaías (9, 1 y ss.): *"Tierra de Zabulón y tierra de Neftalí (...)/El pueblo que habita en tinieblas vio una gran luz..."*.

Marcos y Lucas, por su parte, prestan atención al nacimiento de otro hombre singular, la *"voz que clama en el desierto"*. Nos referimos, claro está, a Juan, luego llamado "El Bautista". A éste se le presenta como pariente de Jesús, dado que su madre, Isabel, es prima de María. Juan es primero que Jesús en todo: nace antes, y nace con "fenómeno extraño" incluido; su madre no había podido tener hijos hasta que Yavhé pone remedio al caso con un milagro de los suyos, no sin antes dejar mudo a Zacarías, su padre, hasta que se consuma el nacimiento del muchacho... Y también es el primero en tener notoriedad y peso en la comunidad, e incluso suyos son algunos discípulos que luego pasarán a formar parte de los acólitos de Jesús, caso de Andrés, hermano de Pedro.

¿A qué viene todo ese interés por Juan? Hay autores, como Picknett y Price, que proponen que Jesús fue un usurpador, un impostor que arrebató el liderazgo a Juan. Sostienen que aún hoy existen seguidores de la iglesia juanista y que tal vez ese modelo religioso fue el que conocieron los caballeros templarios en Tierra Santa. Esta razón provocaría su supuesto rechazo al emblema de Jesús.

Esta circunstancia se aborda en *El Código Da Vinci* de manera demasiado superficial, según nuestra opinión, sin que después tenga continuidad en la trama. Sucede cuando Sophie intuye que su abuelo, Jacques Saunière, ha podido dejarle un último legado tras un cuadro de Leonardo titulado "La Virgen de las Rocas". Se trata de un lienzo en el que se representa a María en el centro. A su derecha está Jesús siendo niño, y a su izquierda el ángel Uriel y Juan "El Bautista" también niño. Picknett y Price se hacían eco de lo que ahora vamos a resumir en su obra *La revelación de los templarios*, lo mismo con lo que nos topamos en la novela poco desarrollado.

Lo verdaderamente llamativo de esa escena es que en ella no es Jesús quien bendice a Juan, como parecería lógico, sino que es Juan quien bendice a Jesús, como si fuera éste quien ostentaba un grado superior. Además, María alza su mano izquierda en dirección a Juan, lo que estos autores, y así se cita en la novela, interpretan como *"un gesto inequívocamente amenazador"*. Y bajo la mano de María está la del ángel Uriel, que Brown lee de este modo —y así se lo hace decir a su personaje de novela, Langdon—: *"...justo por debajo de aquellos dedos curvados de María, Uriel estaba detenido en un gesto que daba a entender que estaba cortando algo, como si estuviera rebanando el cuello de la cabeza invisible que la Virgen parecía sujetar con sus garras"*.

Estas interpretaciones, con ser audaces, no son las únicas sobre todos estos asuntos. Veamos otra.

Para entender lo que sigue habrá que desprenderse de la idea de que María concibió siendo virgen y que así se quedó. Los propios evangelios dicen claramente que Jesús tuvo más hermanos: Santiago, José, Simón y Judas, además de hermanas (Mt, 13, 55; Mr 3,32; Hechos 1,14). Pues bien, la pregunta que se hace en voz alta Gardner es si, siendo como fue Jesús el primogénito y procediendo de la estirpe davídica, tal y como enfatizan los evangelistas, le correspondía o no ostentar dicho cargo si su nacimiento se había producido fuera de la ortodoxia matrimonial. Y a continuación escribe una curiosa teoría: en su opinión, Jesús era un líder político con sangre real que encabezaba la secta de los Nazarenos —el apelativo de "nazareno" no vendría pues de Nazaret, según esta tesis—. La misma secta que, según se cuenta en *"Hechos..."* (24,5) dirigirá Pablo posteriormente. También Juan "El Bautista" formaba parte de la misma, la cual podría haber bebido filosóficamente de los esenios. Y, por supuesto, también lo era Santiago, el hermano de Jesús, quien ya había nacido de forma "ortodoxa" dentro de la familia. El dilema era, según Gardner, determinar a quién correspondía la jefatura: si a Jesús, el mayor pero nacido de forma "anómala", o a Santiago.

Para dilucidar el asunto —según esta fuente— es por lo que sus padres llevan a Jesús al templo. Querían escuchar el veredicto del rabí Simeón

(Lc 2, 25-35). Pero cuando Santiago nació, prosigue este autor, la facción se dividió. Los judíos helenizados veían en Jesús al Ungido o *Khristos*, mientras que los judíos ortodoxos se decantaron por Santiago, quien contaría con el apoyo del sacerdote de Sadoc, que no era otro que Juan "El Bautista". Eso sirve para explicar a otros investigadores el motivo por el cual Jesús no mueve un músculo para ayudar al Bautista cuando éste cae en las manos de Herodes.

Y ahora que mencionamos a Herodes, recordemos de la mano de Robert Ambelain, un dato curioso que recoge Lucas (13,31). Nos referimos al aviso que algunos fariseos dan a Jesús, cuando éste aún no ha

Al-Aqsa, en Jerusalén, situada sobre las ruinas del Templo de Salomón.

empezado supuestamente su vida pública, de que el monarca quiere matarle. Jesús responde airadamente: *"Id y decid a esa raposa..."*. Ambelain se interroga sobre las razones que podía tener Herodes para matar a un tipo que aún no había hecho nada destacable. La respuesta, tal vez, era que sabía que aquel hombre era el descendiente davídico, el verdadero propietario de la corona que él llevaba sobre la cabeza gracias al permiso de los romanos.

Una vez dispuesto a comenzar su actividad "pastoral", según la versión católica, o la política, según otras propuestas, Jesús se rodea de un grupo de seguidores. Hay algo de misterioso en la elección de los mismos, al menos de los supuestos *notables* que los evangelistas se encargaron de citar. No se puede negar que es extraño que alguien que te dice: *"seréis aborrecidos por todos a causa de mi nombre"*, (Mt 10, 22), encuentre feligreses con sólo hacerles la peregrina propuesta de convertirles en *"pescadores de hombres"*. Y ellos, sin más, abandonan familia y haciendas. ¿Qué raro, no creen?

Gardner apunta con tino al decir que *"las perspectivas de Jesús eran desconocidas y en aquel momento aún no había adquirido una reputación divina. Por lo tanto, es evidente que algo esencial falta en los Evangelios"*. Estamos de acuerdo. Pero, ¿qué es lo que falta? ¿Tal vez que estamos realmente ante un ser divino cuya sola presencia servía para convencer a los hombres? De ser así, ¿por qué no convenció a todos? ¿O quizá su ministerio ya había comenzado y era un hombre célebre cuando se presenta ante sus supuestos futuros discípulos? ¿O es que ellos sabían de la alta cuna de la que Jesús procedía puesto que no era un simple carpintero sino un rabí educado en las más misteriosas ciencias? De ser así, ¿dónde se educó? Gardner considera que los Evangelios fueron escritos de modo metafórico y que contienen una gran carga política, lo que se manifiesta a veces en frases dichas por Jesús pero que hieren la tradicional imagen que se tiene de Él. Veamos dos ejemplos: *"No penséis que he venido a poner paz en la Tierra; no vine a poner paz, sino espada"*, (Mt 10, 34). *"...y el que no la tenga, venda su manto y compre una espada"*, (Lc 22, 36). Sólo que tal vez casi todos los llamados apóstoles debían tener ya una espada. ¿Qué razón había si el movimiento era estrictamente espiritual?

A la vez resulta difícil encajar esas ideas a la vera de propuestas de Jesús en las que solicita el amor al prójimo o poner la otra mejilla.

¿Ustedes entienden algo? ¿O es que no tenemos oídos para oír ni ojos para ver? ¿Hablaba de dos maneras diferentes? ¿Les explicó su verdadera doctrina a algunos elegidos y no a esos que se presentan como discípulos? ¿O es que había dos Jesús? ¡Cuántas preguntas y qué pocas respuestas! No obstante, busquemos algunas posibles soluciones a estos enigmas.

Puesto que hablamos de los apóstoles, mencionemos ciertas confusiones que se crean al respecto. Juan es quien cita que Andrés, hermano de Pedro, pertenecía a los seguidores de Juan "El Bautista". Los otros tres evangelistas se limitan a relatar cómo Jesús propone hacer *"pescadores de hombres"* a algunos o cómo misteriosamente se produce la vocación de Mateo, el publicano. Y así ya tenemos a Pedro, Andrés, Juan y Santiago Zebedeo, y al referido Mateo. Poco después la lista se engorda con Felipe y Bartolomé, Tomás, Santiago de Alfeo y Tadeo, Simón el Zelote y Judas Iscariote. Así los cita Mateo. Pero resulta que Marcos habla de Leví el de Alfeo, aunque luego añade el nombre de Mateo. Y Leví también figura en la narración de Lucas (5,27), pese a que aquí obtenemos más información muy de nuestro interés, pues señala que *"escogió a doce de ellos"*, refiriéndose a los discípulos que tenía (Lc 6,13). Luego había más. ¿Cuántos más? El mismo evangelista escribe: *"designó Jesús a otros setenta y dos"* (Lc 10,1). Por su parte, Juan menciona a Natanael, con lo que se genera cierta confusión evidente.

¿Eran necesarios tantos discípulos para una misión espiritual? ¿Había un grupo que era el brazo armado y otro que resultó ser el depositario de otra enseñanza diferente?

Veamos un último ejemplo de confusión, que a la vez ha dado pie a todo tipo de especulaciones: el caso de los "Simones".

Hay un ejército de personajes que reciben el nombre de Simón. Por un lado está Simón "el Leproso", que parece que vive en Betania, nuestro pueblo favorito como ya explicaremos. Ambelain cree que es en su casa donde se celebra la mítica unción de Jesús. Luego está Simón, al que se pretende llamar Pedro. Pero resulta que otro Simón es citado como uno de los hermanos de Jesús. ¿Es tal vez el que luego se llamará Pedro? ¿Es otro? Sí, debe ser otro. Otro a añadir a Simón "el Zelote", que parece que iba armado hasta los dientes, como le correspondía por ser un nacionalista enfrentado a Roma. ¿Qué hacía en un grupo místico?

No obstante, el Simón llamado Pedro saca también una espada cuando van a prender a Jesús. ¿No serán Simón Pedro y Simón "el Zelote" el mismo? No, no puede ser, aunque hay quien lo cree. Y todos deben ser diferentes a Simón "el Cananeo" que cita Marcos (3,18), y también a Simón Iscariote, al parecer padre de Judas, según Juan (6,71).

San Pedro en una "visión" del Greco.

Dejémoslo aquí. Es sólo la primera de las confusiones que nos esperan.

Vayamos ahora en busca del cumplimiento de la profecía del rey. El grupo de Jesús decide ir a Jerusalén aquella memorable Pascua —¿o no fue en Pascua?— y hacer cumplir la profecía que hablaba del Mesías. Pero, como se recordará, la gente estaba esperando un libertador de brazo fuerte y armado. No obstante, ¿no hemos visto una versión guerrera de Jesús y a un grupo de sus más de setenta discípulos amados —y armados—?

Mateo recuerda las palabras de Zacarías (9,9): *"Decid a la hija de Sion: he aquí que tu rey viene a ti, manso y montado sobre un asno..."*. Por lo que

Mariano Fernández Urresti y Lorenzo Fernández Bueno

Jesús demuestra tener una red de secuaces capaces de preparar el escenario para hacer cumplir aquella profecía, aunque se trate en el Evangelio de explicar milagrosamente lo que sucede después.

Marcos lo escribe así (Mc 11, 1 y ss): *"Y cuando se aproximaban a Jerusalén, a Betfagé y a Betania, junto al Monte de los Olivos, envió a dos de sus discípulos y les dijo: Id a la aldea que está enfrente, y luego que entréis en ella encontraréis un pollino atado"*. Y así ocurrió. Jesús se esforzó para cumplir la profecía que hablaba de un "rey"; del monarca que descendía de David. Todo está preparado para que los resortes se activen y el pueblo le aclame, y eso parece que va a ocurrir en un principio, pero posteriormente algo falló si es que el objetivo era político.

Jesús predica y llega hasta el templo, en donde expulsa a los vendedores y a los cambistas. Se forma un escándalo mayúsculo, pero la gente no le sigue. Juan lo relata de este modo: *"Aunque había hecho tan grandes milagros delante de ellos, no creían en él"*. ¿Por qué? Es más, *"los escribas y los sacerdotes andaban buscando manera de prenderle con astucia para matarle"*, (Mc 14, 1)

Gardner explica la situación diciendo que *"sus compatriotas no compartían sus sueños de unificar a todo el pueblo, incluyendo a judíos y gentiles, y luchar contra Roma"*. ¿Resulta suficiente esa explicación? Quién sabe... La percepción es que algo sigue fallando en todo este asunto. No obstante advertimos al lector que las mayores confusiones están por llegar.

Otra enseñanza, otros discípulos

ANTERIORMENTE NOS PREGUNTÁBAMOS DE FORMA RETÓRICA si Jesús pudo enseñar otra doctrina a seguidores suyos que quizá no fueron los conocidos apóstoles. Y, añadíamos, de ser así, ¿dónde pudo aprender lo que quiera que enseñó?

Pues de algún modo la respuesta la hemos ofrecido cuando decíamos que el cristianismo había adaptado para su interés desde los tiempos de Constantino −y seguro que mucho antes también−, elementos del culto pagano, especialmente egipcio. Y es que, tal y como nosotros lo vemos, Jesús fue un verdadero iniciado en los misterios egipcios, los cuales pudo aprender perfectamente durante su estancia en el país del Nilo, viaje citado incluso por el evangelista Mateo: *"Levantándose de noche, tomó al niño y a la madre y se retiró hacia Egipto, permaneciendo allí hasta la muerte de Herodes, a fin de que se cumpliera lo que había pronunciado el Señor por su profeta, diciendo: 'De Egipto llamé a mi Hijo"*, (Mt 2, 14-15).

Jesús viaja, pues, a Egipto. Y Egipto, en especial la ciudad de Alejandría, estaba repleto de judíos. Los había a miles, de modo que es muy posible que allí sumase a los conocimientos religiosos y mágicos egipcios los propios de la tradición rabínica mística: la Cábala.

En varias ocasiones hemos puesto énfasis en la importancia que adquirió en su momento la ciudad de Heliópolis, donde se celebraban cultos mistéricos solares y donde, según la leyenda, reposaba la piedra "Ben-Ben", centro de la creación, y también lugar en el que el Ave Fénix resurgía de sus cenizas, lo que no es sino sinónimo de la resurrección. Es decir, que allí, en Heliópolis, se sabía mucho sobre esas palabras que luego serían una constante en los labios de Jesús: vida y resurrección.

Es imposible resumir todos los aspectos de la doctrina de Jesús que podemos rastrear en los antiguos textos, inscripciones y costumbres religiosas egipcias, pero tal vez lo más relevante es lo que hemos deslizado a propósito del juego de la vida y de la posibilidad de la resurrección, lo que los faraones ponían en escena en las famosas fiestas denominadas *Heb Seb*, que celebraban a los treinta años de su mandato. En ellas, una parte era ceremonia pública; el resto y más interesante, privada. Y parecía que como consecuencia de algún tipo de ritual en el que tal vez ciertas drogas o algún pase mágico, provocaban un estado de letargo similar a la muerte en el faraón, que resurgía después más fuerte, más bravo y quizá más justo, o al menos así se le hacía creer al pueblo. Un ínterin ése que venía a recoger la ancestral tradición de Osiris, Dios que fue traicionado por alguien próximo, su hermano Seth, su cuerpo desmembrado y arrojado al olvido, o al menos eso parecía. Mas he aquí que la leyenda presenta a Osiris resucitado al tercer día mediante la mediación de su hermana y esposa Isis. Una historia ésta sobre la que habrá que volver más adelante y que ahora nos sirve para introducir la relación entre Jesús y Egipto, y también para entrever qué parecido tiene todo este episodio con su muerte y su resurrección.

Y respecto a la necesidad de ser justo para entrar en el reino de los cielos, no podemos sustraernos a la comparación entre ese cielo y el reino egipcio de Maat, la diosa de la justicia, cuyo modelo de comportamiento debía ser espejo en el que mirarse para todos los súbditos del país de los faraones.

Ambelain se muestra de acuerdo con nosotros al escribir: *"Es más probable que fuera en el seno de la comunidad judía de Alejandría, es decir, efectivamente en Egipto, donde recibiera por parte de los cabalistas judíos la iniciación en los arcanos supremos de su arte oculto"*, aunque él lo ve como algo ajeno a la tradición egipcia. Claro que eso es porque tal vez no ha reparado en que ese dominio de los secretos de los números y de las palabras seguramente fue lo que Moisés aprendió en Egipto mucho tiempo atrás, de modo que no era en absoluto algo desconocido por los magos del Nilo.

Hasta ahora hemos presentado la posibilidad de un Jesús rey, tal y como se desprende de la novela *El Código Da Vinci*. Sin embargo, acabamos de introducir en escena a un Jesús iniciado, sacerdote y conocedor de los secretos místicos de la Tradición. ¿Hay contradicción en todo esto? Creemos sinceramente que no. Es más, refuerza nuestra "propuesta egipcia". ¿No era faraón señor religioso y político? ¿En quién se inspiró el antepasado de Jesús, Salomón, en su reinado sino justamente en faraón? ¿No podría seguir Jesús ese mismo modelo? ¿No fue la sinarquía el modelo político que parece ser desearon poner en práctica los templarios en la Edad Media? Y, por último, ¿no justifica esta idea la posibilidad de un brazo armado y político entre los seguidores de Jesús y otro depositario de la corriente hermética y mística?

Tal vez así se explique al fin esta frase que tanto nos ha dado que pensar: *"Con muchas parábolas como esas les predicaba la palabra, en la medida en que podían entender, y sin parábolas no les hablaba. Pero cuando estaban a solas con sus discípulos, se lo explicaba todo"* (Mc 4, 33).

¿Qué era ese "todo" que explicaba a los "discípulos" a solas? ¿Son éstos los apóstoles? Nos tememos que no. Y, si estamos en lo cierto, ¿quiénes figuraban entre los "discípulos"? Para responder a esa pregunta tenemos dos opciones: echar mano de los evangelios proscritos o mirar con otros ojos al único Evangelio que todo el mundo coincide en decir que es el más esotérico y oscuro de los cuatro admitidos: el de Juan. Y es ahí, en esas páginas, donde encontramos a quienes son nuestros personajes evangélicos favoritos, y también a la aldea del misterio: Betania.

Es el citado Juan quien menciona (Jn 3, 1 y ss) a un tal Nicodemo, *"principal entre los judíos"*; es decir, un hombre notable en la comunidad, seguramente rabino. Y con él tiene Jesús una de las conversaciones más reveladoras a propósito de la iniciación, si bien se camufla en el texto bajo la aparentemente imposibilidad de *"¿cómo puede el hombre nacer siendo viejo?"*. *"¿Acaso puede entrar de nuevo en el seno de su madre y volver a nacer?"*, pregunta Nicodemo. El Nazareno responde que es preciso *"nacer de arriba"*, y se sorprende de que Nicodemo no sepa eso: *"¿Eres maestro en Israel y no sabes esto?"*. Es decir, que lo lógico es que un rabino lo supiera, puesto que cualquier iniciado no lo es si no ha "muerto" y ha "nacido" a una nueva vida. Y de eso está hablando Jesús. Es la vieja lección de la iniciación tan conocida en Egipto.

Por si todo esto no ha quedado claro, aparece un personaje más al que luego vamos a prestar también atención: Lázaro, que vivirá en primera fila una experiencia de iniciación: una "muerte", un rito en el interior de la Madre Tierra, y una "resurrección". Un proceso que debía llevar un tiempo, como toda iniciación, de modo que Jesús no cede a los mensajes de ayuda que le llegan desde Betania. Lázaro debía superar la prueba por sí mismo.

Y alrededor de esa aldea, Betania, hay más sujetos curiosos, como Simón "el Leproso", Marta y María —¡ah, María!—. Es, tal parece, el "cuartel general" de Jesús. Allí suceden muchas cosas y es el evangelista más hermético, Juan, quien las cita todas. Lo mismo que refiere el papel estelar en los episodios finales de Jesús de José de Arimatea, de quien ya nos ocuparemos en páginas siguientes. Por ahora, descansemos en Betania antes de subir a Jerusalén, tal y como solía hacer Jesús...

En el siguiente capítulo rescataremos del injusto olvido a los demás "discípulos" a los que Jesús "contaba todo" cuando estaban solos...

La Cúpula de la Roca, un lugar sagrado para las tres religiones.

Cuatro confusos días

A PARTIR DE ESTE INSTANTE, les rogamos tengan los ojos aún más abiertos si cabe. Les invitamos a leer con calma algunos de los pasajes con los que los evangelistas pretendieron —esa pretensión es más de la Iglesia— relatar lo ocurrido en los cuatro últimos días de la vida de Jesús.

En nuestra opinión, son una completa confusión. Veamos por qué.

Lo que se supone que ocurrió fue, en síntesis, lo siguiente:

—Jueves, 6 de abril: Última Cena —al atardecer— y prendimiento de Jesús, ya de noche, en el Huerto de los Olivos.

—Viernes, 7 de abril: proceso a Jesús —de noche—, crucifixión y muerte.

—Sábado, 8 de abril: Jesús está enterrado.

—Domingo, 9 de abril: resurrección —al amanecer—.

Pues bien, la primera confusión procede del momento en que todo esto ocurre. Los tres primeros Evangelios coinciden en que Jesús celebró la Pascua antes de su muerte. Juan, en cambio, escribe: *"Antes de la Pascua..."*, (Jn 13, 1), además de incorporar un rito del que otros no hablan, como es el "Lavatorio de pies", que tiene toda la pinta de ser un acto de iniciación, que como ya se ve en el texto, los zoquetes apóstoles no entienden, y el que menos, Pedro.

Tenemos, por tanto, borrosa la fecha en que se desencadena el drama. Pero hay más.

Se supone, según los sinópticos, que la Última Cena tiene lugar en la noche previa a la crucifixión, pero no parece que en ningún texto se especifique con rotundidad que aquel rito es único, nuevo, entre ellos. Ese modelo de ágape se advierte en los textos esenios de Qumrán y parece que es algo acostumbrado en el entorno de Jesús. Y más allá de la confusión de las fechas y de las horas, todo el esquema cronológico indicado, tal y como apunta Ambelain, parece que se hiciera así presentando el comienzo del fin un jueves, día de Venus —la mujer; la "V" femenina de la que habla la novela *El Código Da Vinci*— mientras que la resurrección tiene lugar el domingo, día del Sol, el dios masculino. Era una victoria más de la Iglesia al poner el principio masculino por encima de la mujer.

A autores como Ambelain les extraña especialmente que los sacerdotes judíos hubieran pretendido pactar con Roma la detención de Jesús precisamente en la Pascua, cuando se supone que Jerusalén estaba atestada de visitantes. Incluso Marcos (14, 2) y Mateo (26, 5) escriben que los sacerdotes decían: *"Que no sea durante la fiesta, no vaya a albo-rotarse el pueblo..."*. Además, si se pretendía un escarmiento público con la muerte de Jesús, malamente se iba a lograr en la Pascua, cuando esta-ban prohibidos los trabajos: "(en ese día) *no os ocuparéis de trabajo algu-no"*, (*Números*, 28, 18).

El autor ya mencionado se extraña de que el proceso contra Jesús se siga durante la noche, puesto que no había juicios a esas horas, pues, según la costumbre, *"las tinieblas enturbian el juicio del hombre"*. Añadamos también que en *Éxodo* (12, 22) se indica, respecto a la cena de Pascua, *"Que nadie de vosotros salga de la puerta de la casa hasta la mañana..."*, por lo que resulta extraño que tras la supuesta Cena de Pascua Jesús y los suyos se fueran hasta el Monte de los Olivos, cuando además a aquellas horas no debía ser fácil circular por Jerusalén sin que las patrullas romanas le dieran a uno el alto. Más si era un nutrido grupo de agitadores. Y muy nutrido grupo había de ser cuando se envía nada menos que una cohor-te a prender a Jesús; es decir, unos seiscientos soldados de elite a los que se suma la turba enviada por el Sanedrín: *"Judas, pues, tomando la cohorte y los alguaciles y fariseos, vino allí con linternas, y hachas y armas"*, (Jn 18, 3). Y más adelante insiste: *"La cohorte, pues, y el tribuno y los alguaciles de los judíos se apoderaron de Jesús y lo ataron"*, (Jn 18, 12).

Hay, ya se ve, varias cosas anómalas en todo esta escena. ¿Para qué hacen falta tantos soldados contra sólo doce hombres –puesto que Judas está ya en el bando contrario–? La única explicación es que Jesús, como líder político y religioso, tuviera una amplia tropa a su servicio, a la que, ya lo dijimos, había dicho que vendieran incluso su manto para comprar-se una espada. Pero luego resulta que cuando Pedro saca la suya y taja la oreja de un siervo llamado Malco, el propio Jesús le reprende. Otra vez esa contradicción del ser pacífico y el que dice traer la espada.

Más cosas confusas están aún por ocurrir.

En el libro *Jesús o el secreto mortal de los templarios* se muestra la sor-presa ante el hecho de que, siendo Poncio Pilato quien envía sus tropas a prender al Nazareno, posteriormente resulte que el reo va a parar a casa de Anás –"*y le condujeron primero a casa de Anás...*", leemos en Juan 18, 13– y no a la presencia de Roma en primer lugar. Y además, no parece que le juzgue sino por blasfemia. ¿Qué blasfemia? ¿Decir que era Hijo de Dios? ¿Eso qué demonios le podía importar a Roma? A Roma lo que le preocupaba era que se proclamara rey de los judíos, y eso fue lo que mandó escribir Poncio Pilato en la tablilla que se colocó en la cumbre de la cruz: "*Jesús Nazareno, Rey de los Judíos*". Y como a éstos no les hacía ninguna gracia, sentenció: "*lo escrito, escrito está*", (Jn 9, 22). ¿Y qué decir del lío que los "corresponsales" se hacen a propósito de la hora de la crucifixión?

El "Gólgota" es un símbolo cristiano que recuerda la Crucifixión, tal y como nos la relata el Evangelio. Pero puede haber algo más...

En efecto, Marcos (15, 25) dice que le crucifican a la hora de tercia, y que, llegada la hora de sexta, una espesa oscuridad se extendió sobre Jerusalén. No obstante resulta que Juan (19, 14) dice que le crucificaron a la hora de sexta. Y todo esto no es baladí, puesto que depende de cuándo le crucificaron y cuándo murió pudieron o no pudieron ocurrir una serie de acontecimientos que a continuación vamos a resumir, y que han dado pie a toda suerte de especulaciones.

Como es sabido, la costumbre hebrea de respetar el *sabath* suponía que, una vez puesto el Sol el viernes, una amplio catálogo de cosas estaban prohibidas, y en general todas aquellas que supusieran trabajo. Por ejemplo, descender un cuerpo de una cruz, lavarlo, ungirlo y envolverlo en un sudario antes de enterrarlo. De ahí la premura con la que actúa uno de esos misteriosos "discípulos" de Jesús, José de Arimatea, ante las autoridades. ¿O la premura no se debió a eso?

Antes de morir, no obstante, Jesús gritó al cielo una exclamación que también mueve a la polémica: *"Eli, Eli, lama sabachtani..."*, que ha sido traducida como *"¡Dios mío!, ¡Dios mío! ¿Por qué me has abandonado?"*. Pero lo que tal vez el lector no sepa es que esa frase es justamente el segundo verso del salmo 22, cuyo encabezamiento es éste: *"Al maestro de coro. Según la 'cierva de la aurora'. Salmo de David"*. Y esta circunstancia ha motivado que algunos investigadores se interroguen en voz alta sobre lo extraño que resulta que un hombre, en medio de un atroz sufrimiento, le de por recordar el verso de una canción. Claro que aquel no era un hombre como otro cualquiera. Sin embargo, algunos, como el ya referido Robert Ambelain, sostienen que Jesús no recitó al cielo ningún verso, sino que lanzó al aire palabras de poder; una fórmula mágica que asegura con mucha audacia el citado Ambelain que fue ésta: *"¡Eli! ¡Eloim! Lama Astagna Tani..."*. Es decir: *"¡Conjuración! ¡Maldición! Por Lama, Astagna, Tani..."*. Lama y Astagna son nombres de *"espíritus que gobiernan la región oeste del mundo"*, mientras que Tani sería *"uno de los doce nombres de los Espíritus que gobiernan las doce horas del día..."*.

¿Qué prefiere creer el lector? Por nuestra parte, ya estamos tremendamente confundidos. Y esto aún no ha terminado.

Antes de ese grito helado, alguien ofrece vinagre a Jesús. ¿Qué raro? ¿Quién podía ir por ahí con una tinaja con ese contenido? ¿O era frecuente para calmar el dolor de los ajusticiados tenerlo a mano? Hay opiniones para todos los gustos. Pero Juan es claro al asegurar que estaba ya preparado: *"Había allí un botijo lleno de vinagre"*, (Jn 19, 29). Gardner sostiene la tesis de que el contenido, del que Mateo (27, 34) afirma que era vino mezclado con hiel, era *"vino mezclado con veneno de serpiente"*, una miscelánea que, cuidadosamente elaborada, podía provocar *"inconsciencia o muerte"*.

La teoría que esboza, y que otros corroboran, es que lo que se urdió fue un plan meticuloso mediante el cual Jesús pareció estar muerto, pero no lo estaba. José de Arimatea, que se encontraba metido en el asunto hasta las cachas, moviliza todos los resortes para que puedan bajar al reo cuanto antes, e incluso no le rompen las piernas, como era habitual. Llaman a Pilato y le dicen que Jesús está muerto. El romano se sorprende de que todo haya ocurrido tan rápido: *"Y Pilato se maravilló de que ya hubiera muerto"*, (Mc 15, 44). El de Arimatea golpea la voluntad del gobernador hasta que le permiten descolgar al muerto y llevárselo hasta un sepulcro de su propiedad. Todo muy rápido. ¿Era porque había prisa ante el inminente *sabath*? ¿O ya estaban en *sabath*? ¿O faltaba mucho para el *sabath*? Realmente, es difícil saberlo pues no estamos ya seguros ni del día en que estamos, y menos aún de la hora en que todo esto sucede. Pero todavía hay más.

La polémica de la Resurrección

Ya se ha visto que hay una corriente de opinión que sostiene que Jesús pudo estar vivo cuando fue bajado de la cruz, lo cual extraña sobremanera después de un brutal suplicio como el sufrido. Naturalmente, si estaba vivo, mal iba a poder resucitar, salvo que hablemos de otra resurrección, de una al modo de las fiestas *Heb Sed* de los faraones. Pero esta versión más tarde será recordada...

Otros, en cambio, creen que murió y luego resucitó. Es la interpretación ortodoxa. Pero hay otra aún más osada, que pretende resolver de un plumazo esa contradicción que ya hemos mencionado ante la dualidad de opiniones que a veces descubrimos en Jesús: la pacífica y la que solicita que sus seguidores compren una espada. Tal versión lo que dice es que realmente había dos personas muy parecidas, tanto que eran gemelas. A continuación vamos a hacer un breve resumen de las dos corrientes heterodoxas, puesto que la ortodoxia de la muerte y la Resurrección es conocida por todos.

Mediada la década de los setenta del pasado siglo XX, el desaparecido Andreas Faber-Kaiser publicaba un libro titulado *Jesús vivió y murió en Cachemira*. Ese libro, años más tarde, sería el aguijón que impulsó a otros a emprender su aventura periodística, cobrando forma literaria en libros como *Los Guardianes del Secreto* (Edaf, 2002). La idea central de Faber-Kaiser era la hipótesis de que Jesús no hubiera muerto en la cruz y que, tras formarse en los años desconocidos de su vida en la India, fuera a morir a Cachemira, una región de ese gigantesco país.

En cierta ocasión, narra el investigador hispano-germano, el profesor Hassain de Srinagar le habló de Jesús y le refirió que, tiempo atrás, durante un crudo mes de enero se vio copado por la nieve en la región de Ladakh, en concreto en su capital, Leh. Y ante esa obligatoria estancia decidió pasar el tiempo revisando viejos archivos locales. Fue de ese modo casual como encontró los cuarenta volúmenes que componían el generoso diario escrito por los misioneros alemanes Marx y Francke. Ambos habían tratado de llevar a cabo su misión en las zonas más apartadas de aquellas tierras y escribieron esos diarios en 1894. En ellos se hablaba continuamente de un personaje llamado San Issa, y junto a él aparecía el nombre de Nicolai Notovich.

El profesor Hassain no sabía alemán, de modo que tuvo que esperar un tiempo hasta que le tradujeron dichos escritos. Entonces descubrió que el tal Notovich, un viajero ruso que recorrió estos abruptos pagos en la década de los ochenta del siglo XIX, había descubierto unos manuscritos en la lamasería de Hemis, a 38 kilómetros al sureste de Leh. ¿De qué hablaban esos textos? Pues ni más ni menos que de un supuesto viaje de Jesús a la India en los años en que los evangelistas no nos dan razón alguna de su paradero.

Por supuesto, una noticia de semejante calibre avivó la curiosidad de Notovich, quien pudo conversar con diferentes lamas hasta descubrir la existencia de obras escritas en lengua *pali* en las que se daba cumplida información del tal Issa, que parecía no ser otro que Jesús de Nazaret; unos documentos cuyo contenido finalmente conoció. También supo que la tumba de Issa estaba en Srinagar, capital de Cachemira, y que sigue siendo venerada hoy en día.

Pero toda esa historia la cuentan con mucho más acierto y pulso de cirujano el propio Faber-Kaiser, de modo que lo que proponemos al lector es ver hasta qué punto hay razones, aunque sean minúsculas, para pensar que Jesús pudo salir con vida de la cruz.

Antes ya hemos mencionado algunas opiniones que nos alertan de la rapidez con la que los hechos tuvieron lugar en los últimos minutos de vida del rabí de Galilea, y cómo quizá el contenido del famoso botijo con vinagre y hiel pudo servir de droga que provocase algo parecido a una muerte en el sujeto. Y mientras tanto, Faber-Kaiser cita en su libro una treintena de libros de la tradición india que *"contienen una mención al Marham-I-Isa, con indicación de que este ungüento fue preparado para Jesús, para la cura de sus heridas"*. E incluso a propósito de las creencias sobre la curación de esas llagas se pone en la balanza una cita extraída de *El mito del eterno retorno*, de Mircea Eliade y que a continuación reproducimos íntegra: *"Así dos fórmulas de encantamiento anglosajonas de magia popular cristiana del siglo XVI, que era costumbre pronunciar cuando se recogían las hierbas medicinales, precisan el origen de su virtud terapéutica: crecieron por primera vez —es decir,* ab origine— *en el monte sagrado del Calvario —en el centro de la Tierra—: 'Salve, o hierba santa que crece en la tierra, primero te encontraste en el monte Calvario, eres buena para toda clase de heridas; en el nombre del dulce Jesús, te cojo', (1584). 'Eres santa, verbena, porque creces en la tierra, pues primero te encontraron en el monte Calvario. Curaste a nuestro Redentor Jesucristo y cerraste sus heridas sangrantes...'. Se atribuye la eficacia de esas hier-*

bas al hecho de que su prototipo fue descubierto en un momento cósmico decisivo —en aquel tiempo— en el monte Calvario. Recibieron su consagración por haber curado las heridas del Redentor".

Es decir, que Faber-Kaiser trata de encontrar argumentos para su teoría en base a la tradición popular que Mircea Eliade refleja en su escrito. Existe, se viene a decir, cierto rumor a propósito de unas hierbas que curaron a Jesús. ¿Será cierto que sanó y fue a morir a la India? ¿Será su tumba la del santo Issa? Realmente, no lo sabemos.

A un paso de la capital de Pakistán, Islamabad, está la tierra en la que muchos historiadores heterodoxos sitúan la última morada de Jesús.

La segunda singular teoría es la que propone, como hemos avanzado renglones atrás, que Jesús tuvo un doble, un gemelo. Más claramente: un *dídimo*. Nos explicamos...

En el llamado "Evangelio de Bartolomé", uno de esos textos malditos que la Iglesia lanzó a la hoguera remangándose la sotana para tener mayor libertad de movimientos, encontramos una frase inquietante:

"¡Salud a ti, gemelo mío, segundo Cristo!". ¿Qué diablos se quiere decir con eso? Naturalmente, si no damos la menor oportunidad de crédito a ese texto apócrifo, poco más hay que decir: total tranquilidad, se podrá pensar. Pero resulta que en los propios Evangelios admitidos por la Iglesia tras el "trance de inspiración" que le sobreviene en tiempos de Constantino, resulta que hay también motivos para la sospecha.

El evangelista Juan habla de la presencia de Tomás, al que llama "Dídimo": *"Dijo, pues, Tomás, llamado Dídimo..."*, (Jn 11, 16), y más adelante: *"Tomás, uno de los doce, llamado Dídimo..."*, (Jn 20, 24). ¿Quién es Tomás? Se ve que es uno de los doce, y la tradición hace de él a quien dudó y tuvo que meter el dedo en las llagas del rabí para creer. ¿Por qué le costaba tanto asumir que había resucitado?

Lo más sorprendente del asunto es que hay autores que nos alertan sobre el concepto *Dídimo*, que traducen del griego como "gemelo". Por tanto, Tomás, el hombre que duda, es hermano gemelo de otra persona. ¿De quién?

Tras la resurrección suceden cosas verdaderamente sorprendentes, por si no había suficiente ración de pasmo con el propio regreso a la vida de un hombre. Una de esas anomalías es que María Magdalena no reconoce a Jesús cuando le ve resucitado y le toma por el hortelano. ¿Por qué? ¿Es que el cuerpo de Jesús está sufriendo algún tipo de mutación que le hace irreconocible para los demás? Lo cierto es que en futuras apariciones sí será reconocido. Ambelain se plantea la posibilidad de que María Magdalena no reconociera a Jesús porque éste estaba disfrazado de hortelano, como si tuviera miedo a ser descubierto. ¿A qué podría temer un espíritu y además divino? ¿O será que no le reconoce en un primer momento porque ve a un tipo casi igual a él pero tal vez vestido de otro modo? ¿Ve Magdalena al *dídimo* de Jesús?

Los peregrinos que marchan todos juntos hacia Emaús tampoco le reconocen en un primer momento. ¿Cómo es posible? Y Marcos (16, 12) cuenta algo parecido: *"Después de esto se mostró en otra forma a dos de ellos que iban de camino y se dirigían al campo"*. ¿En otra forma? ¿En qué forma se presentó ante ellos que tampoco le reconocieron? Además, ¿por qué los otros discípulos no creen a ninguno de los que cuentan que le han visto vivo?

Finalmente está el "más-difícil-todavía", que se produce días después, cuando Jesús come y departe con los suyos junto al fuego, lo que sin duda es toda una proeza para un cuerpo resucitado pero capaz de desvanecerse al poco tiempo.

Todas esas curiosas circunstancias llevan a los autores que se decantan por no creer que Jesús resucitara y que, además, le hacen *dídimo* de Tomás, a concluir de esta manera: los discípulos no reconocen al supuesto resucitado porque, simplemente, no es Jesús. En segundo lugar, ese hombre come y bebe porque es plenamente mortal. Y en tercer lugar, creen ver en esa persona al hermano gemelo, *dídimo*, de Jesús llamado Tomás.

Ambelain recupera una cita de los llamados "Hechos de Tomás", apócrifos hasta la médula, por supuesto, que puede tener interés ahora y también para lo que está por venir: *"Gemelo de Cristo, apóstol del Altísimo, iniciado también tú en la enseñanza oculta de Cristo, has recibido instrucciones secretas…".*

Tras estas reflexiones compartidas, ¿qué podemos creer? Ciertamente es difícil pronunciarse. Nos haría falta una "inspiración" de esas que provocan la *fumatta blanca* en el Vaticano para no errar en nuestro juicio. No obstante, al margen de conclusiones definitivas, siempre nos hemos preguntado por qué Jesús, una vez resucitado, no se apareció ante Pilato y ante los miembros del Sanedrín para dejarles pasmados e insuflar así una moral granítica a sus seguidores. ¿A qué esperó para que la Gloria de Dios cayera sobre las molleras de todos aquellos malditos descreídos?

Juan José Benítez, en sus míticas novelas de la saga *Caballo de Troya*, explica las cosas de otro modo bien diferente. Jesús padeció y murió en la cruz, pero el cuerpo que después resucita es asombroso y parece precisar de un proceso de adaptación al medio, por decirlo de algún modo.

Eso explicaría que no fuera reconocido en los primeros y mágicos momentos. Tal vez fue así, tal vez...

Y es que, de no haber sido así, ¡en menuda situación quedaría el habilidoso Pablo de Tarso!: *"Y si Cristo no resucitó, vana es nuestra predicación. Vana nuestra fe. Seremos falsos testigos de Dios, porque contra Dios testificamos que ha resucitado a Cristo, a quien no resucitó, si en verdad los muertos no resucitan. Porque si los muertos no resucitan, ni Cristo resucitó; vana es nuestra fe, aún estáis en vuestros pecados"*, (I Corintios, 15, 14-16).

Acto II

Sangre Real

"En verdad os digo: donde quiera que se predique el Evangelio, en todo el mundo se hablará de lo que ésta ha hecho, para memoria de ella"

(MATEO, 14, 9)

María Magdalena

EXISTEN TEXTOS DE LOS PRIMEROS MOMENTOS del cristianismo, a los que más tarde regresaremos, en los que se afirma que María Magdalena era *"la mujer que conocía Todo"*, además de ser aquella a la que Jesús *"amaba más que a sus discípulos"*. ¿Podemos creer esas afirmaciones? Y, de ser ciertas, ¿cuál fue la razón por la cual la Iglesia emprendió una campaña de difamación contra esta mujer? ¿Fue una pecadora? ¿Una prostituta? ¿O solamente fue una mujer extraordinariamente importante y, por eso mismo, muy incómoda para el masculino liderazgo de la nueva Iglesia?

La dirección de las cúpulas eclesiásticas decidieron que las mujeres no se le podían subir a las barbas, con lo que determinaron que no pintarían nada en el nuevo culto. Se concedió únicamente cierta relevancia a María, la madre de Jesús, pero para colocarla en un lugar inaccesible para el resto de las mujeres, pues ya se nos contará cómo le sería posible a cualquier otra tener un hijo siendo virgen, con lo poco que se prodiga por el mundo el Espíritu Santo fecundando a nadie. De modo que las mujeres, tal y como había sucedido desde que Eva anduvo paseando en cueros por el Edén, eran impuras. Los hombres, por supuesto, no. Y por lo tanto, la dirección de la parroquia cristiana se garantizaba una impecable sucesión masculina en el liderazgo.

Podemos interrogarnos en voz alta sobre cuáles pudieron ser las motivaciones, que rayan con lo enfermizo, que pudo tener la Iglesia para situar en esa posición tan humillante a María Magdalena y a la mujer en general. Y eso vamos a intentar responder en las próximas líneas de la mano de diferentes investigadores, además de servirnos de la ayuda de nuestras propias ideas al respecto. Mas, antes de dar un paso adelante, tal vez sea conveniente interrogarse sobre quién fue realmente María Magdalena.

Lo primero que debe sorprendernos es el hecho de que, al margen de la madre de Jesús, Magdalena es la única mujer que se cita por su nombre —eso sí, de forma escasa— en los Evangelios canónicos sin que se deba a que es esposa o hermana de algún hombre. Es decir, que se la menciona por ser ella misma, lo que la concede un aire de independencia ciertamente desafiante para los hombres. En segundo lugar, podríamos añadir que fue notario de excepción de los más grandes y enigmáticos momentos de la difusa biografía de Jesús: su unción, su crucifixión y su resurrección. E incluso podríamos decir que fue la primera "apóstol" pues es a ella a quien Jesús confía la divulgación de su propia resurrección, entre otras cosas porque los hombres estaban escondidos y habían perdido la escasa fe que demostraron tener. Salvo que Magdalena, y otros que no eran los apóstoles, supieran cosas que los llamados discípulos de Jesús no sabían porque simplemente no estaban entre el círculo esotérico del rabí.

Era la de Jesús una época en la que las mujeres eran ciudadanos de segunda división. El hombre ostentaba los cargos políticos y religiosos, de modo que no debe extrañar la animadversión que pudo causar entre los apóstoles que Jesús incorporara a su séquito a mujeres y que una de ellas, *"a la que besaba en la boca"*, según los textos gnósticos, cobrara tamaño protagonismo.

Al margen de la consabida alusión a la prostitución con la que la Iglesia trató de estigmatizar a Magdalena, poco más se sabe sobre ella. Y, por cierto, esa acusación carece de base alguna. Lucas (7, 36 y ss) escribe sobre la presencia de *"una mujer pecadora"*, que unge y lava los pies del Maestro, lo que provoca una cerrada protesta por parte de los hombres que asisten a la escena. Pero Jesús, en lugar de seguirles la corriente, asombra al respetable asegurando a la mujer que sus pecados le son perdonados. ¿Era esa mujer pecadora María Magdalena? El evangelista no lo asegura, por tanto, ¿de dónde se saca la Iglesia semejante idea?

Nos volvemos a encontrar con María Magdalena en las cuartillas del mismo evangelista un capítulo más tarde (Lc 8,2). Allí Lucas da cuenta de que a Jesús le acompañaban *"algunas mujeres que habían sido curadas de espíritus malignos y de enfermedades"*. Y adjudica a Magdalena la curación por parte de Jesús tras la expulsión de un lote de *"siete demonios"*. ¿Hablamos de un rito de iniciación? Autores como Baigent, Leigh y Lincoln se inclinan por un ritual propio de los cultos a Istar o Astarté que, dicen, *"entrañaba, por ejemplo, una iniciación en siete etapas"*. Otros prefieren pensar que cuando se habla de "pecadora" hay que entender que incumplía la religión judía, por lo que tal vez era devota de otro credo. Pero, ¿de cuál?

En segundo lugar, sorprende que esas mujeres de las que habla Lucas —y que parecen proceder de los más bajos estratos sociales— resulte que eran las que sostenían a la cuadrilla del nazareno: *"le servían con sus bienes"*. Y sobre este tema de la obvia buena posición económica de Magdalena, algo bien diferente a la de una pobre prostituta, abundan Lynn Picknett y Clive Prince, quienes vienen a indicar que tal vez Magdalena no proceda de un pueblo llamado Magdala o El Mejdel, sino que puede ser un título que demuestra la buena cuna de esta misteriosa dama.

Otro debate ampliamente difundido es si se puede identificar a María Magdalena con la mujer que realiza la unción de Jesús previa a su prendimiento y crucifixión, y si esa misma es la "pecadora" antes citada, e incluso si ambas son María, la hermana de Lázaro y Marta, vecinos del sugestivo pueblo de Betania en el que todo pareció cocerse, según nuestro criterio. Vamos a demorarnos en todo esto, pues tiene mucho que ver con cuanto pudo pasar después.

¿Qué dicen los evangelistas? Les invitamos a "observar" la secuencia filmada por cuatro cámaras diferentes para ver qué sacamos en claro. Cedamos el protagonismo primero al "director" Lucas. Lucas (7, 36 y ss) habla de una "pecadora arrepentida", sitúa la escena en casa de un fariseo, no menciona el nombre de la mujer, y ésta enjuaga con ungüento los pies a Jesús y los lava con sus cabellos.

Por su parte, Mateo (26, 6 y ss) sitúa los hechos en Betania, aunque en la casa de otro de esos misteriosos tipos con los que Jesús tenía trato en dicho pueblo, y que se llamaba Simón "el Leproso". Se habla de un frasco de alabastro lleno de *"costoso ungüento"* —algo lejos del alcance de una prostituta y sí de una mujer rica–, pero no nombra a la mujer en cuestión. Tampoco lo hace Marcos (14, 3 y ss). Pero Juan ofrece muchos más datos, como siempre que aparece el pueblo de Betania y estos otros "discípulos" que, parece ser, sabían mucho más de lo que los apóstoles estuvieron dispuestos a admitir. Pero qué cuenta Juan...

Representación de María Magdalena en éxtasis contemplativo, aparentemente embarazada, en la iglesia de Rénnes-le-Château.

El Zebedeo –si es que es él quien escribió este misterioso evangelio– asegura (11, 1-2) que María era la que ungió a Jesús los pies, y después añade (12, 1-8) que *"seis días antes de Pascua"* y en casa de su hermano Lázaro, ungió a Jesús con *"una libra de ungüento de nardo legítimo, de gran valor"*. Esto es aprovechado hipócritamente por los apóstoles para recriminar semejante dispendio, pero Jesús les abofetea con una frase lapidaria: *"Déjala, lo tenía guardado para el día de mi sepultura. Pobres siempre los tendréis entre vosotros, pero a mí no me tenéis siempre".* ¿El día de su sepultura? ¿Qué es lo que sabía María que ignoraban los apóstoles? A lo mejor, como indican los textos gnósticos, *"lo sabía Todo".* Prosigamos.

Cuanto hemos dicho parece probar que María de Betania es la mujer que ungió a Jesús en ambas ocasiones, con lo que no es probable que se pueda decir de ella que era una pecadora, puesto que su familia goza de gran estima por parte de Jesús y parece ser de alta condición social. Ahora bien, ¿es María de Betania, María Magdalena? Muchos autores opinan que no; otros muchos creen que sí. Hay un dato curioso que apuntan investigadores como William E. Phipps, a quienes les parece enormemente extraño que siendo María de Betania una seguidora fiel de Jesús los evangelistas no la mencionen en ningún momento en el instante dramático de la crucifixión.

Analicemos ahora, otra vez con cuatro cámaras diferentes, aquellas escalofriantes escenas. Descubrirán de inmediato que todos los planos se nos llenan de mujeres. ¿De dónde salen si en los garabatos de los apóstoles no parecía haber más que hombres alrededor de Jesús?

Mateo (27, 55) nos dice que *"había allí, mirándole desde lo lejos, muchas mujeres que habían seguido a Jesús desde Galilea para servirle; entre ellas María Magdalena y María la madre de Santiago y José y la madre de los hijos de Zebedeo".* Es decir, que Jesús tenía *"muchas mujeres"* entre sus seguidores. ¿Por qué las ocultan los evangelistas hasta el momento mismo de la crucifixión?

Marcos (15, 40) menciona también a María Magdalena y a María, la madre de Santiago el Menor y de José, y a Salomé. También afirma que le seguían y le servían, además de añadir: *"y otras muchas que habían subido con Él a Jerusalén".* ¿Dónde se habían metido hasta ese instante en los textos evangélicos?

Lucas es más escueto (23, 49), pues no da nombres, sino que habla de un grupo de mujeres que le habían seguido, aunque luego sí mencionará con nombre propio a Magdalena en la escena del sepulcro vacío. Finalmente está Juan, y como siempre hay que leer sus palabras con calma, pues no cabe duda de que sus significados siempre son muy ricos. Escribe (Jn 19, 25 y ss): *"Estaban junto a la cruz de Jesús su Madre y la hermana de su Madre, María la de Cleofás, y María Magdalena. Jesús, viendo a su Madre y al discípulo a quien amaba, que estaba allí, dijo a la Madre: 'mujer, he ahí a tu hijo'; luego dijo al discípulo: 'he ahí a tu Madre'. Y desde aquella hora el discípulo la recibió en su casa".*

A la luz de todo lo visto podemos afirmar que existe casi unanimidad en que María Magdalena estuvo allí, a los pies de la cruz. Y, regresando al razonamiento de William E. Phipps, la razón por la que tal vez no se cita a María de Betania en el Gólgota se debe a que quien aparece allí es María Magdalena, y ambas son las misma mujer, según su criterio.

Añadamos por nuestra cuenta que ya hemos subrayado esa frase de Jesús en la que asegura que María había guardado el costoso ungüento pensando en su sepultura, y justamente es Magdalena la primera que va al mismo después. ¿Tenemos así nuevas razones para identificar a ambas?

En cualquier caso, puede el lector rastrear en los Evangelios cuanto desee para ver si encuentra una sola razón por la cual pensar que Magdalena era una prostituta. Descubrirá que no hay razón alguna. De modo que los esfuerzos de la Iglesia tiempo después para que cuajara una pretensión que aún subsiste entre la gente hoy en día debió ser otra. Y una razón muy importante, tal vez un argumento desestabilizador para el edificio religioso que se inventó después.

Esposa real

Dos RAZONES LLEGAMOS A IMAGINAR para que la Iglesia temblara ante la sola mención a María Magdalena. La primera es que su papel junto a Jesús fuera más importante en todos los aspectos, incluso en el plano físico. La segunda es que ella fuera la prueba de que todo lo que la institución eclesiástica ha dicho después a propósito de Jesús sea falso, pues el rabí enseñó cosas distintas. Ahora vamos a explorar la primera hipótesis; más tarde hablaremos de la segunda, de una doctrina oculta.

"¿Hay en los evangelios algún dato, directo o indirecto, que haga pensar que Jesús estuvo casado?", se interrogan los autores de *El enigma sagrado*. Y así se responden: *"Naturalmente, no hay ninguna declaración explícita en el sentido de que lo estuviese. Por otro lado, tampoco lo hay de que no lo estuviese"*. No obstante, parece que buena parte de sus apóstoles, sino todos ellos, estaban casados. Y tampoco hay alusión explícita de Jesús a favor del celibato, añaden las mismas fuentes. Al contrario, en el Evangelio de Mateo se lee: *"¿No habéis leído que al principio el Creador los hizo varón y hembra? Y dijo: 'Por esto dejará el hombre al padre y a la madre y se unirá a la*

La ciudad Santa de Jerusalén esconde a varios metros bajo tierra la verdad de lo acaecido por estos desérticos pagos hace milenios.

mujer, y serán los dos una sola carne", (Mt, 19, 4-5). Por eso, Baigent, Leigh y Lincoln concluyen que *"difícilmente pueden estas palabras ser compatibles con la recomendación del celibato. Y si Jesús no predicó el celibato, tampoco hay motivo para suponer que lo practicase"*.

A estas argumentaciones habrá que añadir el hecho de que en aquella época el matrimonio para un varón judío no sólo era lo usual, sino casi lo obligatorio. No estar casado y no tener descendencia no era precisamente el mejor modo para que un hombre fuera tomado en serio dentro de su comunidad. Y aún menos conveniente sería para un rabí; es decir, para un maestro; tal vez un verdadero erudito rabínico, como pudo haber sido Jesús.

Picknett y Prince, por su parte, citan a D. H. Lawrence, quien en *The man who Died* hablaba de las posibles relaciones sexuales de Jesús con María Magdalena, un territorio escabroso que también Martin Scorsese exploró en su película *La última tentación de Cristo*, lo que motivó toda suerte de críticas contra el afamado director, y eso que la tentación sólo se planteaba en la mente de Jesús.

No obstante, tampoco podemos encontrar en los Evangelios autorizados una alusión explícita a esa posibilidad. Pero no ocurre lo mismo si prestamos atención a esos otros textos que la Iglesia repudió, como por ejemplo el llamado "Evangelio de Felipe". En él encontramos frases como la siguiente referida a Magdalena: *"Pero Cristo la amaba más que a otros discípulos y la besaba a menudo en la boca..."*.

En esta frase generalmente los autores sólo se detienen en el aspecto obviamente sexual de la relación entre Jesús y Magdalena, pero a nosotros nos entusiasma también por otra razón. Obsérvese que se dice que *"la amaba más que a otros discípulos"*, lo que quiere decir que ella figuraba entre los discípulos. No era, por tanto, una "pecadora" o una "prostituta" que emerge circunstancialmente en las escenas evangélicas como una posesa dispuesta a untar los pies de Jesús con potingues o a besarle los pies como una *fan* desenfrenada. No señor. Estamos ante una discípula. Y por si no queda claro, la misma fuente nos ofrece más información: *"Eran tres las que siempre andaban con el Señor, su madre María, su hermana y la Magdalena, a la que llamaba compañera"*. Y tras esto, pocas cosas quedan en pie de la "historia-más-grande-jamás-contada", pues no sólo tenemos a una Magdalena discípula —*"siempre andaba con el Señor"*—, sino que además era su "compañera", y Jesús tenía, al menos, una "hermana", con lo que los mecanismos anatómicos de su madre María para seguir siendo virgen se nos antojan ciertamente milagrosos.

En *La cara oculta de Jesús* ya se atisbaban las hipótesis que piensan que Jesús y María Magdalena –cuya identidad hemos resuelto que puede ser la de María de Betania, hermana de Marta y Lázaro– contrajeron matrimonio y que esas nupcias son justamente las que los Evangelios sitúan en Caná de Galilea. ¿Será posible?

En cierta ocasión, visitando este pueblo de Caná, los franciscanos, custodios de los Santos Lugares, celebraron una simpática misa en la que se invitaba a las parejas presentes a ratificar su matrimonio de modo simbólico. Después, a la salida de la iglesia, se esperaba a los participantes en el simulacro con generosos puñados de arroz, como si realmente se hubieran casado allí. Mientras, no muy lejos, una tinaja de barro venía a recordar lo que ocurrió, de creer a los cronistas evangélicos, hace dos mil años: la conversión del agua de seis tinajas de barro en vino del bueno.

¿Por qué se preocupa en esa boda la madre de Jesús de que el vino se hubiera acabado si ella no era sino una invitada? ¿Por qué pide a Jesús que haga algo al respecto cuando se supone que no ha hecho aún milagro alguno que demuestre que viene en nombre del Padre? ¿No había ocasión mejor para ello que en medio de un jolgorio como aquel? Y, finalmente, ¿por qué los sirvientes se pliegan a lo que María les dice: *"haced lo que Él os ordene"*? Eso sólo sería entendible si estuvieran bajo sus órdenes de un modo habitual.

¿Con quién se casaría Jesús? Esas opiniones coinciden en encontrar dos posibles candidatas a la luz de lo que se cree saber de toda esta historia: María de Betania o María Magdalena. Pero ya hemos dicho que ambas tal vez fueran la misma mujer. Ambas amaban a Jesús, según puede deducir cualquiera que lea los textos de marras. Y ambas parecen ricas. La de Betania lo es sin duda alguna; la Magdalena debía serlo cuando se dice que sostenía económicamente la aventura de Jesús y los suyos.

Si Magdalena y María de Betania fueran la misma persona, leemos en *El enigma sagrado*, eso explicaría la razón por la cual cuando Jesús llega a Betania y Lázaro está ya muerto, quien sale a recibirle y a decir que, de haber estado Él allí, el deceso no hubiera tenido lugar, es Marta. María no parece salir de la casa: *"Marta, pues, en cuanto oyó que Jesús llegaba, le salió al encuentro; pero María se quedó sentada en casa"*, (Jn 11, 20). Los mismos autores explican esa circunstancia diciendo que María estaría sentada en *shiveh*; es decir, de luto. Y añaden que *"según los principios de la ley judaica de la época, a una mujer 'sentada en shiveh' le estaba estrictamente prohibido salir de la casa salvo por orden expresa de su*

La tumba de Jesús en Jerusalén. Según la tradición estaba situada en el huerto de José de Arimatea. ¿Quién sabe...?

esposo". Y curiosamente, en el Evangelio de Juan vemos que María sale después de que su hermana haya hablado con Jesús. Entonces, Marta vuelve a la casa y le dice que el Maestro ha venido. De inmediato, a María le falta tiempo para salir corriendo y caer ante los pies del recién llegado llorando...

La versión más arriesgada de este asunto tal vez es la que encontramos en *La herencia del Santo Grial*, donde su autor no vacila en hacer afirmaciones que ciertamente nos acomplejan y hacen de nosotros heterodoxos de pacotilla. Asegura que había dos ceremonias nupciales, por decirlo de alguna manera, en aquellos años. El segundo ritual venía a confirmar lo que ambos contrayentes habían puesto de manifiesto en el primero. Leamos lo que este autor escribe: *"...la primera boda de Jesús tuvo lugar en septiembre del año 30 d. de C., su trigesimosexto septiembre, el momento exacto en que, según Lucas 7: 37-38, María Magdalena ungió por primera vez los pies de Jesús"*.

No obstante, si el lector se siente atribulado por tamaña afirmación, espere a leer lo que sigue: *"De todas formas no existió concepción (...) Pero en diciembre del año siguiente María Magdalena quedó embarazada y, como estaba regulado, ungió de nuevo los pies y la cabeza a Jesús en Betania (...) celebrándose formalmente la segunda boda en marzo del año 33 d. de C."*.

Y a partir de ahí nos deslizamos por un tobogán donde es difícil controlar las emociones encontradas. En el vertiginoso descenso que a continuación se va a producir el lector deberá pensar si prefiere la caída libre o, por el contrario y en beneficio de la salud de los huesos de su fe, se amarra con las cinchas de sus viejos principios de catequesis. Hagan lo que prefieran... o lo que menos les duela. Por nuestra parte, vamos a tratar de seguir ahondando en las claves de *El Código Da Vinci*.

En efecto, lo preocupante de todo este terrible embrollo no es sólo que Jesús no fuese tal y como la Iglesia dijo que fue. Incluso no sería suficiente bomba de relojería que estuviera casado. Lo peor del caso, y así lo explicará Teabing —uno de los personajes de la novela citada— a Sophie es lo que aquí se transcribe: *"...Jesús no sólo estaba casado, sino que era padre. Y, querida mía, María Magdalena era el Santo Receptáculo. Era el cáliz que contenía la sangre real de Jesús. Era el vientre que perpetuaba el linaje, y el vino que garantizaba la continuidad del fruto sagrado"*.

Y antes de que usted, amiga lectora o amigo lector, tenga tiempo para recuperarse de la noticia de un hijo de Jesús y Magdalena, diremos que hay autores que no hablan sólo de uno, sino de tres. Por ejemplo, Gardner. Éste hace un alarde de conocimientos o de audacia sin límite al afirmar que *"María Magdalena estaba embarazada de tres meses en el momento de la Crucifixión".* Y luego prosigue imperturbable: *"...seis meses después de la Crucifixión, el 15 de septiembre del 33 d. de C., fue el trigesimonoveno cumpleaños de Jesús, y durante ese mes María dio a luz a una niña. Recibió el nombre de Tamar, 'Palmera' —correspondiente al griego Damaris—, nombre tradicional de la familia de David".* Después, este investigador asegura que Jesús —al que naturalmente no da por muerto en la cruz ni mucho menos— se retira a una vida monástica —eso sería, metafóricamente escrito, la famosa Ascensión, según su criterio— siguiendo principios antiquísimos que él trata de explicar lo mejor que puede. Y tres años después regresa junto a María Magdalena y ella concibe su segundo hijo, al que llamaron Jesús. Pero no se vayan, que aún hay más...

Todo ocurrió hacia la primavera del año 44 de nuestra era. *"Jesús —leemos en la misma fuente— se embarcó para cumplir una misión en Galacia, en la zona central de Asia Menor, junto a Juan Marcos...".* Y mientras eso ocurría, la secta de los nazarenos que dirigía entonces —siempre según ese autor— el apóstol Santiago, comenzó a ser una amenaza para Roma, aunque no se explica la razón. El caso es que la reacción romana se ejecutó por el brazo de Herodes Antipas y se cobró como cabeza más ilustre la de Santiago "el Zebedeo", que a partir de ese instante quedó dispuesto para que sus discípulos le llevaran en barca hasta Iria Flavia y desencadenara las peregrinaciones hasta la tierra de los pimientos de Padrón. Pero, ¿qué sucedió mientras tanto con María Magdalena según esta versión de los hechos?

María Magdalena se ve amenazada, como tantos otros, con el agravante de que está, otra vez —y ya van tres—, embarazada. Y ése será, a decir de Gardner, *"el niño del Grial".* Magdalena apela ante Herodes Agripa II, hijo del rey, y consigue salir clandestinamente de Palestina hacia la Galia, donde Herodes Antipas y Arquelao estaban exiliados, se nos dice. Y así, cedemos otra vez la palabra a este autor, *"María dio a luz a su segundo hijo* —se refiere al segundo hijo varón, pues ya tenía una niña y un niño— *en Provenza durante aquel mismo año".*

Para Gardner, cuando en "Hechos de los Apóstoles" leemos que *"la palabra del Señor más y más se extendía y difundía",* (*Hechos* 19, 24) debemos entender que se multiplicaba la descendencia de Jesús. ¿Un poco forzada la interpretación? Pues sí, estamos de acuerdo.

Sea como fuere, ya se ve que hay una corriente de opinión en la que se apoya el novelista Dan Brown para escribir *El Código Da Vinci.* Una línea de estudio que, bien mencione un hijo o bien mencione más; que diga que Jesús murió en la cruz o que no lo hizo, es una línea ciertamente heterodoxa y para la cual el Santo Grial no es sino la Sangre Real: *Sang Real.*

Ahora bien, queda por determinar si es sólo por la supuesta línea davídica que Jesús encarnaba o si también, como propone el fértil Brown, esa línea se unía a la de la propia Magdalena, que, a decir de este novelista, descendía de la Casa de Benjamín. O sea, que Magdalena descendía también de reyes. Y así lo explica el misterioso y erudito personaje de la novela lla-

Muro de la Lamentaciones. Siglos atrás los caballeros templarios buscaron aquí parte del secreto...

mado Teabing: *"Al emparentar con la poderosa Casa de Benjamín, Jesús unía las dos líneas de sangre, creando una fuerte unión política capaz de reclamar legítimamente el trono y restaurar la línea sucesoria de los reyes tal y como existía en tiempos de Salomón"*.

¿Por qué sería importante este extremo? En *El enigma sagrado* las cosas se explican aproximadamente de este modo. Saúl, el primer rey de Israel, era de la casa de Benjamín. David, su sucesor, era de la tribu de Judá, con lo que los benjamitas le tomarían por un usurpador y resultaría difícil la unión de las doce tribus bajo la batuta de un hijo de Judá como era Jesús, pues descendía de David. Ahora bien, en el supuesto de que un príncipe de Judá se casase con una princesa de la tribu de Benjamín, en este caso Magdalena, las cosas serían muy diferentes, puesto que sus descendientes sí gozarían de consenso ante todos los clanes.

Detengamos aquí esa línea de razonamiento, pues más tarde será nuestro hilo particular para avanzar por el laberinto que nos espera. Ahora cedamos a dos tentaciones. Una tiene que ver con la consecuencia que tendría que María Magdalena fuera María de Betania. La otra hace referencia a lo que pudo saber Magdalena que los demás discípulos no sabían; para llegar a ella deberemos esperar al tercer acto de esta mentira.

El discípulo amado

IMAGINEMOS QUE ES CIERTO QUE MARÍA MAGDALENA Y MARÍA DE BETANIA son una inquietante unidad. ¿Qué repercusiones familiares tendría esto? Pues que Lázaro y Marta son hermanos de Magdalena, y por extensión, visto lo visto de la boda de Caná, son cuñados de Jesús.

Lázaro es un sujeto verdaderamente atractivo para saber más de esa doctrina misteriosa que el Nazareno dispensaba sólo a algunos. Resulta evidente que incluso los cuatro evangelistas autorizados, pero en especial Juan, muestran la amistad que Jesús tenía con esa familia. Es más: es desde su casa en Betania desde donde marcha hacia la gloria o la muerte. Desde allí se urde el plan para hacerse con un borriquillo con el que entrar en Jerusalén cumpliendo la profecía del nuevo rey. Y allí tiene lugar el rito de la unción, para el cual se pueden buscar muchas posibles interpretaciones. En fin, que en Betania pasaba algo.

En segundo lugar, Lázaro es uno de los pocos mortales de los cuales se sabe que resucitó sin ser ni dios ni nada parecido. Simplemente le dijeron que saliera de la tumba y de allí salió con vendas y todo. Y como eso no es fenómeno frecuente entre la manada humana nos vemos obligados a fijarnos en él.

¿Por qué Jesús tarda dos días en llegar a Betania cuando le anuncian que Lázaro está enfermo? ¿Lo hace a propósito para después resucitarle? ¿O será, como ya hemos mencionado de pasada, que tal muerte no era física sino iniciática y que Lázaro debía permanecer aislado durante un tiempo concreto? Nunca lo sabremos, pero no les ocultamos que hay interpretaciones aún más escabrosas sobre lo ocurrido a las que, no obstante, no vamos a dar cabida aquí. El caso es que esa resurrección hace de Lázaro, otra vez, alguien especial.

Tan especial era Lázaro que el evangelista Juan se refiere a él como *"aquél al que Jesús amaba"*. Y Jesús le debía tener en alta estima y le encomendaba cosas que a los demás no encargaba, pues sólo así se explica el deseo que tuvo el Sanedrín de echarle mano y asesinarle, según revela Juan (12, 10-11): *"Los príncipes de los sacerdotes habían resuelto matar a Lázaro, pues por él muchos judíos se iban y creían en Jesús"*. ¿Era sólo porque el propio Lázaro era prueba de cargo de los poderes de Jesús? ¿O tal vez porque era uno de los hombres básicos del entramado del rabí? Nosotros pensamos que era por lo segundo. Y mientras tanto, el resto de los apóstoles no parecen importarle ni al Sanedrín ni a Pilato ni a nadie. No hay quien quiera gastar la suela de una sandalia por prender al impetuoso y orgulloso Pedro o al espadachín Simón "el Zelote"; en cambio sí a Lázaro, ¿por qué?

Páginas atrás hemos dejado claro que el verdadero círculo de iniciados de Jesús fue aquel que se mantuvo fiel –tal vez porque debían jugar un papel concreto en la trama, según algunas versiones– en los momentos de la crucifixión. Y si María Magdalena estuvo cerca de la cruz, ¿por qué no pensar que Lázaro, su hermano, estuviera junto a ella?

¿Qué ocurriría si leemos la expresión de Juan sobre Lázaro –"*aquél al que Jesús amaba*"– y la comparamos con la que también escribe Juan en los momentos de la crucifixión –"*...viendo a su Madre y al discípulo a quien amaba...*"–? ¿Se parecen? Ya lo creo. ¿Podemos concluir que Lázaro era en realidad "el discípulo amado"? ¿Fue Lázaro quien escribió, bajo el seudónimo de Juan, el evangelio más oscuro y hermético de los cuatro admitidos y casualmente en el que aparecen todos estos personajes supuestamente secundarios? ¿Por qué en ningún momento el supuesto Juan se refiere a sí mismo con tal nombre? ¿Qué enseñanza oculta se desliza en sus páginas?

Las representaciones de objetos sagrados del templo se repiten sin cesar.

Por lo demás, enseguida vamos a seguir la pista al "niño del Grial" y a su madre en su viaje a Francia, y descubriremos que allí fue a parar también Lázaro, lo mismo que José de Arimatea. Es decir, los personajes realmente misteriosos de todo este gigantesco embrollo.

Pero aún se puede dar una versión más sorprendente para descubrir la identidad del escurridizo "discípulo amado". Más adelante hablaremos de Leonardo Da Vinci y de su obra "La Última Cena"...

El viaje del Grial

EN EL SURESTE DE FRANCIA existen numerosas leyendas —algunos aseguran que incluso rastros arqueológicos— que hablan de que poco tiempo después de la crucifixión de Jesús, María Magdalena y otros familiares, entre los que seguramente se pudo encontrar Lázaro —su hermano si es que damos por buena la posibilidad de que Magdalena y María de Betania fueran la misma persona— llegaron a la región de Provenza. En *La revelación de los templarios* leemos que el número de acompañantes de Magdalena varía según las diferentes tradiciones. En unas se cita a María Salomé y a María Jacobi; en otras incluso se la hace desembarcar con Maximino, supuestamente uno de los setenta y dos discípulos que Jesús designó y que llegó a ser primer obispo de la Provenza y después santo, labrándose así un *cursus honorum* impecable. Pero a todos ellos se suman dos personajes de gran interés. Por un lado, una esclava negra llamada Sara y de la que enseguida diremos algo; por otro, el hombre más misterioso de todos: José de Arimatea.

En aquella región del Imperio Romano sita en la actual Francia había una importante comunidad judía. Se dice que incluso la familia de Herodes tenía intereses por allí.

La tradición herética que estamos recordando asegura que María Magdalena llegaba embarazada de un hijo de Jesús. Al margen de que autores como Gardner aventuren que quizá pudo tener otros con anterioridad, la mayor parte de los investigadores que dan crédito a estas ideas hablan del "niño del Grial" refiriéndose a este bebé, ya fuera niña o niño. Sin embargo, la Iglesia, que tal vez no tuvo más remedio que reconocer que Magdalena anduvo por estos pagos, trató de moldear su imagen hasta hacerla más presentable a sus feligreses. Veamos lo que hizo.

Dando por válida la leyenda que afirma que los recién llegados desembarcaron en lo que actualmente es Saintes-Maries-de-la-Mer, en la comarca de la Camargue, la Iglesia hace de ella una eremita de fe inquebrantable y propone la inverosímil posibilidad de que se fuera a vivir a una cueva, la de Sainte-Baume. ¿Y eso por qué? Pues porque la Iglesia la tiene tomada contra Magdalena y sigue persiguiéndola por ser prostituta y pecadora, de modo que a la vista de la devoción que el pueblo la profesa —pues por esta región se asegura que predicaba a la gente con extraordinario éxito— decide hacerle padecer una transformación eremítica que permita que sus pecados le queden perdonados. Pero hay más intereses ocultos tal vez bajo esa idea.

En efecto, Picknett y Price aseguran que la idea de que Magdalena estuviera viviendo como una anacoreta en la famosa cueva de esta región ni siquiera lo admite *"el actual sacristán de la capilla católica"*. De ser así, ¿por qué ese interés en hacerla vivir y expiar sus supuestas culpas en esa cueva? Los mismo autores dan esta respuesta, que tal vez sea la correcta: *"la Iglesia injertó a Sainte-Baume en la leyenda de la Magdalena buscando el paralelismo con la vida de otra prostituta y santa, María Egipcíaca, y en la que supuestamente estuvo allí la Magdalena, esa gruta era el santuario de una divinidad pagana. El invento tuvo el doble mérito de convertir a un personaje tan independiente como la Magdalena en una santa de tipo más convencional, y un antiguo templo pagano en un centro que atrajese a peregrinos cristianos"*. Decimos que tal vez estén en lo cierto estos autores porque ese proceder es típico de la Iglesia, cuyo santoral está poblado de magos, hechiceros y hechiceras a los que el pueblo tuvo en alta estima y devoción y a los que el clero les confeccionó una vida santa a la medida para que pareciera que eran de los suyos. Pero regresemos a María Magdalena.

Sea esa gruta su lugar de residencia u otro cualquiera, lo cierto es que por toda aquella región, y por otras colindantes que enseguida citaremos, se tienen noticias de su presencia y, lo que es peor para la Iglesia, de su ingente labor apostólica. No en vano ya hemos dicho que debió ser el principal vocero de la doctrina de Jesús. Pero también es muy curioso que por aquella zona, en concreto en Arles, hubiera un culto a la diosa egipcia Isis muy asentado, algo sobre lo que enseguida deberemos volver.

En Saintes-Maries-de-la-Mer está la iglesia de Notre-Dame de la Mer, en cuyo interior se venera a tres Marías: la Magdalena, María Jacobi y María Salomé. Y también hay una capilla dedicada a la extraña esclava egipcia que antes hemos citado de pasada, que se llamaba Sara,

La Virgen negra de Rocamadour, algo más que una talla.

y que casualmente era negra. ¿Cuál es la razón por la cual aquellas gentes iban a adorar a una esclava? ¿O no era esclava? ¿O la adoraban por ser negra? ¿Y por qué iban a hacerlo? ¿No tendrá que ver con el viejo culto a la diosa Isis, representada con tez oscura con mucha frecuencia?

¿Estamos a un paso de las vírgenes negras? ¡Ya lo creo! Pero ese paso lo daremos unos renglones más tarde. Digamos mientras tanto que el día 25 de mayo de cada año los gitanos se dan cita en la Camargue para nombrar a la "reina gitana del año" frente a la figura misteriosa de Sara.

Por lo demás, también en Marsella se rastrea la presencia de María Magdalena, y se afirma que el lugar donde solía predicar, nos informan Picknett y Price, era justamente *"en la escalinata de un antiguo templo de Diana"*; es decir, otra llamada clara al viejo culto a la diosa. Y esos autores añaden que del citado santuario nada queda, pero que parece ser estuvo asentado en lo que ahora es la Place de Lanche.

Añadamos algunos datos más a la leyenda, como es que el lugar de la muerte de Magdalena fue Saint-Maximin-la-Sainte-Baume y que —¡ojo a la información y reténgala para cuando se hable de los templarios más adelante!— cada año tiene allí lugar una procesión en la que se exhibe el cráneo de Magdalena, que el resto del año está guardado en la sacristía.

Y ya que hemos terminado por hablar de las reliquias de ésta, tal vez sea de interés ver la relación que tienen con la familia de Anjou, puesto que esa noble línea real también se relacionará, ya lo verán, con los posibles custodios del Grial. A ver si acertamos a resumir la historia para que sea entendible lo que queremos transmitir...

Al parecer el rey san Luis tenía entre sus aficiones la de coleccionar reliquias allá por la mitad del siglo XIII, tal vez porque en su mollera no había espacio para entretenimientos más intelectuales. El caso es que, enterado de que en Vézelay se rumoreaba que estaba enterrada María Magdalena, marchó para allá y ordenó —ventajas que tiene ser rey— que le fueran exhibidos los huesos mondos de la misteriosa dama.

Suponemos que a los monjes les recorrió un sudor frío por la espalda y tal vez se les soltó la risa floja. ¿Qué hacer? Ellos mismos, pensamos nosotros, sabían que allí no estaban esas reliquias pero habían permitido que el rumor se extendiese para dar fama al santuario. De modo que le presentaron al rey un cofre metálico con unos huesos que podían ser los de cualquiera. Total, un chasco. Pero entre los asistentes a aquel sainete estaba el sobrino de san Luis, Carlos de Anjou, a quien el asunto primero interesó y luego obsesionó. ¿Por qué?

El caso es que las fuentes citadas con anterioridad nos presentan a Carlos de Anjou años después ordenando excavar en la cripta de Saint-Maximin porque le había llegado el soplo –¿o lo supo por fuentes totalmente dignas de crédito y vinculadas a los Custodios del Grial?– de que los huesos de la otrora belleza judía estaban allí. Y se cuenta que colaboró personalmente en la excavación hasta el punto de hurgar con sus dedos. Y al final, el día 9 de diciembre de 1279, siendo él conde de Anjou con el ordinal segundo, aflora un sarcófago de alabastro del siglo V con un esqueleto y unos documentos en donde todo se explicaba. Al parecer, hasta el año 710 los huesos de la mujer judía habían estado en otro sarcófago, pero fueron trasladados a éste para que quedaran mejor protegidos.

Carlos II de Anjou, presa de una gran excitación, se las promete muy felices y decide que los cristianos del mundo deben ir allí a adorar a Magdalena, de modo que pone dinero de su bolsillo, mucho dinero, para hacer una gran basílica. Las obras empezaron en 1295, pero otros puntos de peregrinación, en especial Compostela, frustraron sus ideas.

Sin embargo, ¿qué razones impulsaron a este conde a buscar con tanto afán el lecho último de Magdalena y a tratar de honrar su memoria hasta ese extremo?

Casualmente, uno de sus descendientes, René de Anjou, que vivió en el siglo XV, fue un tipo vinculado con el mundo esotérico y un gran devoto de María Magdalena, además de, dicen, Gran Maestre del Priorato de Sion, sindicato tras cuyas túnicas se oculta toda la trama que en páginas siguientes vamos a presentar.

Los autores de *El enigma sagrado* nos dicen de él que era hombre de extraordinaria cultura, un adelantado a su tiempo, gran aficionado al ocultismo, que tuvo a su servicio durante un tiempo a Cristóbal Colón y que en su corte había un astrólogo, cabalista y médico judío llamado

Jean de Saint-Rémy, que al parecer era el abuelo de Nostradamus. Pero lo mejor del caso es que las leyendas afirman que estaba obsesionado con las historias del Santo Grial y que poseía una copa de porfirio rojo que, según se ufanaba, fue usada en las bodas de Caná, y que la había obtenido en Marsella. Es más, se dice que en esa copa había una inscripción:

"Aquel que beba bien
verá a Dios.
Aquel que beba de un solo trago
verá a Dios y a la Magdalena".

Frontispicio dedicado a Santa María Magdalena, como sucede en numerosos edificios religiosos relacionados con el Temple.

Y aunque añadiendo lo que ahora se dirá nos adelantemos tal vez demasiado en esta historia, creemos que se debe decir ahora y no más tarde, puesto que así irá viendo el lector cómo parecen ir enlazándose los eslabones de esta cadena. Le pedimos, pues, benevolencia y atención.

Verán, mientras René de Anjou estuvo en la corte de Cosimo de Médici, en Italia, allá por 1439, se impulsaron todo tipo de ciencias y se engordó la biblioteca local con los manuscritos más extraños que se puedan imaginar. Pero además, dicen Baigent, Leigh y Lincoln, el de Anjou incorporó a esos conocimientos *"uno de sus temas simbólicos favoritos: el de la Arcadia"*. Las mismas fuentes aseguran que era frecuente que este noble organizase en sus feudos espectáculos en los que el tema de la mítica Arcadia era una constante. Es más, con frecuencia se representaba esa región misteriosa en la que había una lápida sepulcral y una fuente asociadas a un río de corriente subterránea llamado Alfeo. Y ese río, tomado por sagrado desde tiempos remotos, guarda unas evidentes implicaciones esotéricas al llevar sus aguas, que pueden significar conocimientos ocultos a lo largo de los siglos.

Dejamos aquí esta historia relacionada con la Arcadia, con la devoción de los Anjou al Grial y a María Magdalena, y regresamos de nuevo a ésta, que ya hemos visto que pudo desembarcar en la Galia en compañía de más personas. A lo largo de este libro regresarán desde su tumba las viejas ideas sobre la Arcadia y el Grial...

Pero hemos dicho que la tradición afirma que, junto a María Magdalena, otras personas toman tierra en la Provenza. Seguramente está Lázaro, su hermano, y otras mujeres. Pero también José de Arimatea.

José de Arimatea

DE ESTE HOMBRE POCO SABEMOS. Se le supone rico, puesto que era dueño de un sepulcro propio en el que se puso el cuerpo de Jesús y además era persona influyente, dado que puede mediar ante el mismísimo Poncio Pilato para que se le permita bajar el cuerpo sin vida del

Nazareno. Y por cierto, es bien raro que se le concediera ese permiso pues, según algunas fuentes, no parece que se permitiera habitualmente enterrar a un crucificado.

Hay cosas que cuesta entender de toda aquella historia. José de Arimatea, bien claramente se ve por su actuación, era un discípulo de Jesús. Pero se nos dice que era un discípulo secreto. ¿Secreto? ¿Secreto de qué tipo? Si se quiere decir que tenía miedo a ser identificado como tal puesto que formaba parte del Sanedrín, no se entiende su valor para ir a hablar ante Pilato personalmente. Resultaba obvio que entonces desvelaba su identidad de cristiano, ¿no les parece? Luego entonces, ¿qué se quiere decir con un discípulo secreto? —*"Después de esto rogó a Pilato José de Arimatea, que era discípulo de Jesús, aunque en secreto por temor de los judíos..."*, (Jn, 19, 38)—.

Nuestra hipótesis es que José de Arimatea, como María Magdalena, como Lázaro o como Nicodemo, entre otros, eran en verdad los discípulos del *Secreto* que Jesús transmitió. Una doctrina de la que sus supuestos apóstoles no tenían ni idea, o si la tenían no entendieron absolutamente nada. Y no es casual que un versículo después del que antes hemos citado llegue al sepulcro el misterioso Nicodemo, aquel con quien Jesús había tenido una conversación sobre la muerte iniciática. Veamos: *"Llegó Nicodemo, el mismo que había venido a Él de noche al principio, y trajo una mezcla de mirra y áloe, como unas cien libras".*

Todos los evangelistas citan a José de Arimatea justo en ese preciso instante, un momento por otra parte trascendente, pues era donde en verdad había que ver quién era fiel al rabí y quién no. Y, como siempre, los apóstoles esconden el rabo entre las piernas demostrando su cobardía. Ninguno de ellos aparece en la crucifixión, salvo tal vez "el discípulo amado", cuya identidad aún no está clara. Ninguno de ellos se atreve a pedir el cuerpo de Jesús, y lo hace precisamente uno que *"le seguía en secreto"*. Y luego sólo Juan, en el evangelio más esotérico de los cuatro y en el que cobran gran protagonismo estos misteriosos discípulos afincados en Betania, es el único que menciona la presencia de

Nicodemo, que aparece por lo demás cargado con una extraordinaria ración de mirra y áloe. ¿Excesiva para un cadáver?

Sea como fuere, José de Arimatea se lleva en el morral algún conocimiento espectacular. La tradición posterior hará de él el depositario del Grial, aunque tal vez se debiera definir primero qué se entiende por Grial; eso deberá esperar aún unas líneas. Digamos mientras tanto que autores como Gardner echan mano de los *Annales Ecclesiastici*, fechados en 1601, para recordar que en ellos el cardenal Baronio, bibliotecario vaticano, afirma que José de Arimatea llegó a Marsella en 35 d. de C., y que desde allí se trasladó hasta Britania para predicar el Evangelio. Otras versiones proponen fechas más tardías para ese viaje.

San Juan "El Evangelista", ¿el elegido desplazado por Jesús?

La misma fuente nos informa de la frialdad con la que los britanos acogieron al de Arimatea, si bien el rey Arvirago, hermano de Caractaco el Pendragón, fue cordial e incluso le cedió terreno para la construcción de un templo en lo que, pasado el tiempo, sería Glastonbury. Allí, posteriormente, nuevos edificios se izaron pasando a ser el lugar convento y complejo religioso de primera magnitud. Y allí, ya se sabe, cuajaría mejor que en ninguna otra parte la leyenda del Grial en tiempos medievales. ¡Qué casualidad!, ¿no les parece?

La doctrina secreta

"Sophie (...), la tradición del Priorato de perpetuar el culto a la diosa se basa en la creencia de que, en los primeros tiempos del cristianismo, es decir, durante los albores de la Iglesia, sus representantes más poderosos 'engañaron' al mundo, no le dijeron la verdad, y propagaron mentiras que devaluaron lo femenino y decantaron la balanza a favor de lo masculino".

La frase anterior la leemos también en *El Código Da Vinci* y nos precipita directamente en el otro grave secreto de toda esta trama, además de introducir en el drama a una organización que sólo hemos mencionada de refilón, el Priorato, y a la cual aún vamos a mantener entre bambalinas unas páginas más. Pero sí que vamos a detenernos en el culto a la diosa al que se refieren esas frases, pues tal vez estemos más cerca de lo que nunca pensamos de cuanto se urdió hace dos mil años en Palestina.

Aunque ya lo hemos escrito, volvemos ahora a repetirlo: pocas, y tal vez ninguna, de las enseñanzas con que nos regalan los Evangelios son originales. En las religiones místéricas egipcias podemos encontrar pruebas de todo esto y mucho más. Sería imposible ahora ofrecer tantos ejemplos como son factibles, pero digamos, por citar algo que acabamos de ver que sucedió en Caná, que el teólogo Llogari Pujol señala que *"la tumba egipcia de Paheri —1500 a. de C.— escenifica la conversión del agua en vino por el faraón"*. Y hay un bajorrelieve donde se observa que se emplearon para la ocasión seis tinajas, igual que en el pasaje evangélico. El mismo erudito ha escrito que la multiplicación de los panes y los peces tiene precedentes en el dios Sobk, tal y como relatan los *Textos de las pirámides*. Un dios éste con forma de hombre y de cocodrilo que, por si aún no están suficientemente asombrados, caminó sobre las aguas del lago Faiun dejando pasmados a los feligreses.

En fin, que son muchos los parentescos del cristianismo con el mágico mundo religioso egipcio, y también hemos deslizado la singular similitud de la resurrección de Jesús con las fiestas del *Heb Sed* de los faraones; ahora vamos a ahondar en la relación entre Jesús y María Magdalena y de Osiris e Isis.

No es preciso que refiramos de nuevo que María asemeja a Isis en cuanto a esposa de Jesús como la diosa lo fue de Osiris. Ni tampoco su papel estelar en el momento de la resurrección, como ocurrió con Isis recuperando los fragmentos del cuerpo de su difunto esposo –con la excepción del pene–. Pero sí nos gustaría detenernos en un aspecto clave, y es que ambas, de dar crédito a estas arriesgadas hipótesis que venimos recogiendo, tuvieron un hijo –seamos moderados y digamos que Magdalena tuvo uno, al menos–. En el caso de Isis y Osiris ese hijo se llamó Horus, y con frecuencia fue representado en el regazo de su madre.

En los más remotos tiempos del reino de Israel, Astarté gozó de predilección, y se dice que el propio Salomón cedió a la tentación de permitir la adoración por parte del pueblo a esa diosa femenina que llevaba arraigada en los más recónditos pliegues de su fe. Y aún más atrás en el tiempo, tal y como demuestra el libro *Los Templarios y la palabra perdida* (Edaf, 2003), el hombre buscó en la Madre Tierra a la divinidad que le diera confianza y calor y la representaron bajo la forma de figurillas de barro que los prehistoriadores conocen bajo el nombre de *Venus*. Formas toscas femeninas en las que se acentúan los pechos y el sexo tratando de representar la fertilidad, clave para su supervivencia.

Pues bien, leemos a Price y Picknett, *"todas las escuelas mistéricas de Osiris, Tammuz, Dioniso, Attis y los demás incluían un rito (...) en el que la diosa ungía al dios como acto previo a la muerte real o simbólica de éste, que debía servir para fertilizar una vez más las tierras"*. Y añaden: *"Tradicionalmente, transcurridos tres días, y gracias a la intervención mágica de la sacerdotisa/diosa, él resucitaría y la nación podía respirar aliviada hasta el año siguiente"*.

A la luz de esos rituales milenarios que tal vez Jesús pudo aprender en Egipto, ¿se puede decir que María Magdalena era una sacerdotisa o iniciada en los ritos mistéricos y que Jesús y ella representaron un ritual milenario concreto? ¿Es por eso que María era el discípulo *"que lo sabía Todo"*, tal y como leemos en algunos textos gnósticos?

En el mito de Osiris su resurrección se produce tras mediar Isis. En la resurrección de Jesús la primera persona que acude al sepulcro y corrobora ese milagroso acontecimiento es Magdalena. Y, si proseguimos por esas similitudes, ¿no sería perfectamente lógico que también el ritual de la fertilidad formase parte de ese culto? Eso mismo se interrogan las fuentes que sirven al autor de *El Código Da Vinci* para concluir que tal vez las estatuas de la Señora con el Niño en brazos que merodean por media cristiandad no son sino remedo de las de Isis con Horus. Y no representarían a María con el Niño Jesús, sino a Magdalena con el heredero. Ahora bien, ¿todas las imágenes tienen ese significado oculto? ¿Todas las imágenes de la Señora con el Niño son Magdalena y su descendencia? No, responden. Posiblemente sean aquellas que la iconografía representó como Vírgenes negras y en las que ahora nos vamos a detener.

Isis y Magdalena; más que casualidad.

Aquella vieja diosa ancestral, la Tierra, que fue llamada Isis, Astarté, Diana, Deméter o Cibeles era un hueso duro de roer para la Iglesia. Trató por ello de emplear la vieja táctica de hacer suya aquella identidad e hizo de María, la madre de Jesús, una virgen. Pero la tradición oculta no podía sentirse cómoda con esa idea, pues difícilmente se puede ensalzar la fertilidad desde la virginidad, de modo que la herejía se decantó por María

Magdalena, madre del hijo –o hijos, según las diferentes versiones a consultar– de Jesús.

Las Vírgenes negras suman más de cuatrocientos ejemplos, según Gardner, en todo el mundo. Un estudio realizado por Ean Begg en 1985 demuestra que el 65% de esas imágenes están en Francia, en especial en el sur, una amplia zona donde María Magdalena es objeto de gran devoción, no sólo en la Provenza, sino también en el Languedoc, adonde iremos en breve para hablar de cátaros y templarios, y también adonde irán ustedes a parar cuando se hable del turbio asunto de Rénnes-le-Château.

Hay algo que incomoda a la Iglesia ante estas vírgenes, tal vez por ello se las pinta de color en algunos lugares y tal vez por eso pasó lo que ocurrió en 1952, y que narra Ean Begg en su obra *The Cult of the Black Virgin* (1985): *"La hostilidad fue inconfundible el 28 de diciembre de 1952 cuando iban a presentarse* –colaboraciones a cerca de– *las Vírgenes Negras ante la Asociación Americana para el Progreso de las Ciencias. Todos los curas y monjas presentes entre el público abandonaron la sala"*.

¿Por qué esa actitud? ¿Y por qué son negras?

Se ha dicho que se ennegrecen por el paso inexorable del tiempo, que las daña si están expuestas al humo de velas y cirios, o porque se tallaron en materiales como el ébano, etcétera. Pero hay otra teoría, como la expuesta por el enigmático Fulcanelli en su obra *El misterio de las catedrales*. Allí se explica que en los lugares donde se erigieron muchas de esas grandes construcciones había desde tiempos remotos cultos a la Madre Tierra expresada bajo la forma de Isis. Y añade: *"Isis, antes de la concepción, es en la teogonía astronómica el atributo de la Virgen que varios documentos, muy anteriores al cristianismo, designan con el nombre de 'Virgo pariturae', es decir, 'la tierra antes de la fecundación', que pronto será animada por los rayos del Sol"*. La tierra, pues, ha de ser fertilizada, y para los egipcios, recuerda el investigador Nacho Ares, el color negro representaba la fertilidad debido a que de ese mismo color es el limo del río Nilo. Y se quiera o no, existe una gran relación entre los lugares de culto a María

Magdalena y esas tallas negras. El ya citado Begg afirma haber descubierto no menos de cincuenta centros de devoción a Magdalena, que también cuentan con un santuario en el que reposa una Virgen negra. En *La revelación de los templarios* leemos: *"Un estudio de las localizaciones de Vírgenes negras en Francia muestra la concentración máxima en el polígono entre Lyon, Vichy y Clermont-Ferrand, con centro en una cordillera llamada Les Monts de la Madeleine. También hay una importante aglomeración en la Provenza y los Pirineos orientales, regiones ambas íntimamente unidas a la leyenda de la Magdalena"*.

A todo esto que se ha dicho, a nosotros nos gustaría añadir otra idea. Hemos sostenido que había un grupo de personajes —Magdalena, Lázaro, Nicodemo, José de Arimatea...— que eran tal vez los verdaderos conocedores de las enseñanzas ocultas de Jesús, en tanto que líder religioso. Y que quizá, de ser líder también político, un grupo de hombres armados fueran su círculo de seguridad, que no sabían de filosofías. Pues bien, de ser así, esa doctrina secreta, Conocimiento ancestral o Sabiduría no sería sino la *Sophia* de la que hablaban los textos gnósticos. Y, a decir de la Tradición, la Sabiduría es negra.

"Morena soy, pero hermosa...", leemos en *El Cantar de los Cantares* (1,5), obra atribuida al rey hechicero, y también sabio, Salomón, cuya máxima ambición fue alcanzar justamente la Sabiduría. Salomón fue alquimista, cabalista y dominador de las fuerzas de la Naturaleza, y esa obra inspiró decenas de sermones a Bernardo de Claraval, cerebro de la Orden del Temple. ¡Cuánta casualidad!

Acto III

Guardianes del Grial

> *"Y le dije: 'no pasarás de aquí..."*
>
> (Job 38, 11)

El Santo Grial

PARA COMPRENDER LAS CLAVES DE LA NOVELA DE DAN BROWN, la versión griálica a retener es la siguiente, tal y como la expresan Beigent, Leigh y Lincoln: *"el Santo Grial sería cuando menos dos cosas a la vez"*. Por un lado estaría la Sangre Real, la descendencia de Jesús y María Magdalena; es decir, la *Sang Real*. Por otra parte, sería el receptáculo donde fue a parar la sangre de Jesús, entendiendo por tal el propio vientre de María Magdalena. Es decir, que el cáliz sería su propio cuerpo. Un recipiente que, ya lo verán cuando en páginas futuras se hable de Leonardo da Vinci, se expresaría bajo la forma de "V". Curiosamente la letra por la que comienza el nombre de la diosa femenina por antonomasia: Venus.

Pero también, para completar la versión en la que el novelista se apoya, pudiera haber otra acepción más para el Grial. Y sería éste, según los autores de *El legado mesiánico*: *"El Mesías tenía que ser un rey-sacerdote cuya autoridad abarcaría por igual los dominios espirituales y los seculares. Así pues, es verosímil, incluso probable, que en el templo se guardasen anales oficiales pertenecientes al linaje real de Israel, los equivalentes a los certificados de nacimiento, las licencias matrimoniales y otros datos pertinentes relativos a cualquier familia real o aristocrática moderna. Si Jesús era en verdad el 'rey de los judíos', es casi seguro que el templo contendría copiosa información sobre él"*.

El protagonista masculino de la novela, Robert Langdon, dirá a Sophie en un momento de la historia que *"durante mil años han circulado leyendas sobre este secreto. Toda la serie de documentos, su poder y el secreto que revelan han pasado a conocerse con un único nombre: el Sangreal"*.

De este modo, la búsqueda de esos supuestos documentos y su posterior localización se convierten a su vez en la demanda del Grial. ¿A eso fueron siglos después a Jerusalén los caballeros templarios?

No nos apresuremos y añadamos antes que nada que esta versión del Grial es la que ofrecemos al lector como explicación para comprender los entresijos de las obras que como *El Código Da Vinci* proponen esta opción. No es necesariamente ésa nuestra interpretación personal del

Grial ni tampoco la causa de la búsqueda templaria, pues ya en otros trabajos nuestros hemos propuesto más alternativas. No obstante regresemos a lo que ahora nos ocupa y rastreemos la pista de la *Sangre Real*.

La dinastía maldita

DE DAR CRÉDITO A LA HIPÓTESIS que estamos resumiendo en estas páginas, María Magdalena llega a Francia embarazada. De Jesús no se vuelve a saber nada con certeza, a pesar de que tenemos opiniones que le sitúan en Cachemira, como ya dijimos, o en Egipto; si bien otros creerán poder rastrear su paso también por Francia, ya sea vivo o muerto. Es más, Richard Andrews y Paul Schellenberger creen haber localizado su tumba en el monte Cardou, en las inmediaciones del "pueblo maldito" de Rénnes-le-Château.

Dejemos a Jesús de lado y centrémonos en la línea genealógica que, a decir de todos estos investigadores, se inició con su retoño y que, por extensión, sería heredera de la dinastía davídica si, tal y como los Evangelios refieren, Jesús descendía del mítico rey David.

Entonces, y nuevamente apelando a la posibilidad de que tales hechos desconcertantes tuvieran lugar y nosotros fuéramos capaces de prensar la historia como si ésta fuese uva, el resultado podría ser el que sigue.

Las interpretaciones sobre la cuestión sostienen que la familia de Jesús, al igual que otras muchas judías, se estableció en el sureste francés y gozó de cierto prestigio en la región. El paso del tiempo traería sorpresas desagradables para la Iglesia, y todo ocurrió muy lejos de aquí.

Un pueblo de origen germánico llamado sicambro, al que para entendernos debemos situar en el amplio conglomerado que recibe el apelativo de *francos*, se asentó en regiones de la actual Alemania y Francia después de las corrientes migratorias a que dio lugar el empuje godo y la falta de musculatura del Imperio Romano en sus estertores. De ese pueblo sicambro, se supone, nace la dinastía merovingia. Estamos a finales del siglo V y nos moveremos también en el siglo VI.

Casi paralelamente, casualmente, se desarrollará la epopeya del rey Arturo en Britania, donde quedó dicho que llegó en su día José de Arimatea con su mítico fardo griálico.

El nombre de merovingios le viene a este pueblo, que se fue haciendo con el poder en Francia de un modo paulatino, de un antepasado mítico que, naturalmente, se llamaba Meroveo. Y a él, como no podía ser de otro modo, se le atribuyen orígenes espectaculares, pues no es para menos el que se diga de un tipo que tuvo dos padres y uno de ellos era un monstruo marino. Y es que su madre, que estaba preñada por obra y gracia del rey Clodión, tuvo la feliz idea de ir a bañarse un día al mar y un monstruo de origen difuso pero de naturaleza no muy alejada a la humana por lo que se ve, la viola. Así, contará la leyenda, Meroveo tiene sangre real y sangre divina, pues se resolvió que el violador era un pariente de Neptuno. Y eso de que la sangre real llegue a través del mar tiene un "no sé qué" de popular ya en esta historia.

A la luz de tal parto, a nadie podrá extrañar que se atribuyan leyendas fantásticas a los primeros reyes merovingios. Se dirá de ellos que eran medio reyes y medio sacerdotes; chamanes capaces de obrar prodigios y que, según Leigh, Baigent y Lincoln, *llevaban una mancha de nacimiento que los distinguía de todos los demás hombres (...) y atestiguaba su sangre divina sobre el corazón —curioso anticipo del blasón de los templarios— o entre los omóplatos*".

Entre sus muchas rarezas estaba la convicción de que su fuerza, como la de Sansón, residía en sus cabellos, de modo que no eran amigos de peluqueros y se les terminó llamando "reyes melenudos". Como se verá, no es ésta la única costumbre semita que tuvieron. Además de ser algo así como faraones, pues en sus manos residía lo político y lo religioso, se tenían por la encarnación de Dios. Eran, decían, de origen divino. Pero, ¿de dónde eran en realidad?

Se ha pretendido presentarles como de oriundez troyana —lo que explicaría que en el norte de Francia encontremos nombres que nos sitúan en la guerra de Troya, caso de Troyes o París—; otros han dicho que procedían de la región de la Arcadia, en Grecia —una zona ésta que ya hemos mencionado más atrás y que aparecerá de nuevo en estas páginas—, e incluso se ha escrito que eran descendientes de la escurridiza tribu judía de Benjamín.

De entre todos sus reyes sin duda alguna Clodoveo fue el más popular, y tal vez el más importante. Gobernó entre 482 y 511, y tras vencer en 486 al duque galorromano Siagrio, acabó con lo poco que quedaba de la herencia imperial. Después, todo le va bien al bueno de Clodoveo, hasta que a su esposa, Clotilde, le da por meterse en su vida religiosa. Esta circunstancia, que parece no tener importancia, la tiene. En efecto. Por aquellos años no era el catolicismo el gran protagonista religioso y político por la convulsa Europa, sino el arrianismo. Esta interpretación religiosa del cristianismo, que naturalmente la Iglesia confinó en cuanto pudo bajo el sobrenombre de herejía, la había predicado un presbítero de Alejandría —fíjese el lector que por allí es por donde situábamos a Jesús siglos atrás aprendiendo doctrinas y sabidurías heredadas de los misterios egipcios— que se llamaba Arrio; ¿de qué otro modo se iba a llamar?

Consagración del rey Clodoveo por San Remigio, según F. Matteazzi.

¿Qué decía Arrio? Pues proponía una interpretación de Jesús muy similar a la que en textos gnósticos se nos ofrece; es decir, que se trató de un maestro extraordinario, pero que sólo era, nada más y nada menos, que un hombre. Cristo, afirmaba, ha sido creado por el Padre, luego no es eterno y es diferente a Él. O sea, que Jesús no era un dios. Y esa idea cautivó a los reyes del momento mucho más que el producto que divulgaban los seguidores de Pablo, en el que éste aparecía convertido en dios. De este modo, y aunque el arrianismo fue condenado varias veces por la Iglesia de Roma, los territorios que vinieron a ocupar suevos, vándalos, alanos, merovingios y toda aquella gente a la que nos han presentado siempre bajo la etiqueta de "bárbaros" era arriano. Los recién llegados abrazaron ese credo, y era el mismo bajo el cual rezaba sus oraciones antes de acostarse Clodoveo, hasta que su mujer Clotilde empezó a mover ficha.

No obstante, el problema de fondo era mayor que lo que quiera que Clodoveo rezase. Baigent y sus compañeros apuntan que la situación de la Iglesia católica era desesperada y precisaba para sobrevivir de un apoyo político; de lo contrario, la herejía –así denominaba Roma a quienes no pensaban igual– amenazaba con arrinconarla.

Aprovechando que la reina tenía un confesor, Rémy, que luego fue santo lo mismo que la propia Clotilde, urdieron un plan. Se trataba de que la reina, aleccionada por el fraile, le propusiera al rey convertirse al catolicismo bajo las siguientes condiciones: la Iglesia pasaba a dominar el cotarro religioso, tenía poder para meter la cuchara en el puchero político, y a cambio a Clodoveo lo nombraban en un solo día *Novus Constantinus*; lo que dicho así parecerá poco. ¡Dejen que se lo expliquemos! Ser el "Nuevo Constantino" era como decir que Clodoveo resultaba heredero legítimo del Sacro Imperio Romano que Constantino ostentó tras su misteriosa conversión. Es decir, que si nos fijamos, todas las "visiones" reales tienen a la Iglesia detrás negociando en el atrio del templo.

Clodoveo derrotó en la batalla de Vouillé, en 507, a los visigodos y se hace el amo de todo el territorio franco hasta los Pirineos. En esos territorios, a decir de la línea de investigación que analizamos aquí, andaban los judíos y, por supuesto, la descendencia del Nazareno, que gobernaría el reino de Septimania de forma autónoma –entre Nimes, Narbona y los Pirineos– hasta la irrupción de los árabes en el siglo VIII. Esa dinastía se mezcla con la sangre merovingia en un momento impreciso de toda esta historia, resultando así que los descendientes davídicos tendrían derechos sobre el futuro trono francés.

Tras la muerte de Clodoveo, en 511, otros reyes se sucederán, siendo tal vez el más notable Clotario I, pero el drama sobre este linaje estaba al caer y ello debido fundamentalmente al carácter indolente de los últimos monarcas, con la excepción de Dagoberto II.

Dagoberto II había nacido en 651, pero fue raptado por un mayordomo de palacio llamado Grimoald, quien afirmó que el heredero había muerto y maniobró para ocupar el poder. Sin embargo, cometió el error de dejar con vida al pequeño confiándoselo al obispo de Poitiers, quien lo envió a un monasterio irlandés. Allí, siendo mozo, terminó por casarse con una princesa celta llamada Matilde, la cual no pudo darle sino hijas como descendientes y además murió en 670 en el tercero de los partos.

Dagoberto II llegará de nuevo a Francia y recuperará el reino que le fue arrebatado. Se casa en segundas nupcias con Giselle de Razés, región próxima a Rénnes-le-Château, donde el propio Dagoberto II montó su cuartel general a la espera de recuperar la corona, con lo que de nuevo nos aproximamos al Languedoc, no lejos de donde se supone que toda esta historia cobra forma humana.

Con su nueva esposa tiene otras dos hijas y, por fin, el varón que ansiaba como heredero: Sigisberto. Sin embargo, sus enemigos, entre los que se encontraba la Iglesia a la que había controlado en sus ansias de poder, y los nobles representados en el mayordomo de palacio Pipino de Heristal, buscaban su perdición.

La leyenda afirma que un día cazaba el rey en el bosque de Woëvres y a media mañana se sintió cansado. Se tumbó a la orilla de un río y ese momento fue aprovechado por un felón cuyas manos asesinas movía el tal Pipino de Heristal. El criminal asestó un lanzazo en el ojo del rey, quien no tuvo más remedio que morir. Después, la ola de violencia se extendió por el palacio y toda la familia real fue asesinada. ¿Toda? Ahí está el secreto de la cuestión.

Generaciones después –y algún Pipino más tarde–, Carlos Martel inauguraría la dinastía carolingia. Corría ya el siglo VIII. Pero, ¿qué hubiera sucedido si un heredero de Dagoberto II hubiera sobrevivido?

Los caballeros templarios, conocedores de esta trama, podrían haberse afanado en proteger el secreto, y por ello fueron exterminados.

Las reliquias de Dagoberto II, por lo demás, han sido objeto de devoción e incluso le hicieron santo en 872, pero no fue el papa, sino un cónclave metropolitano. ¿Por qué? ¿Y por qué la iglesia donde se supone que reposa, en Stenay, fue objeto incluso de luchas para controlarla? ¿Es casual que el duque de Lorena concediera a la misma protección especial en 1069? Finalmente, ¿es casual que el duque de Lorena fuera el abuelo de Godofredo de Bouillon —a quien en breve vamos a presentar—, el primer rey de Jerusalén tras la I Cruzada?

Según la escalofriante propuesta de esta línea de investigación en la que se basa Dan Brown para su novela, Sigisberto no murió en aquella matanza palaciega. Fue salvado por un tal Meroveo Levy, apellido que evoca el pasado judío de muchos de aquellos personajes a decir de Lincoln y sus compañeros. El heredero fue ocultado en el mismo lugar donde su padre, años antes, esperó la ocasión para recuperar su reino: Rénnes-le-Château.

El carácter mítico que tendría aquel a quien se conocería como Sigisberto IV se evocaría con el sobrenombre que se le concedió: "Retoño Ardiente"; es decir, *Plant Ard*. Y tras casarse con la hija del rey visigodo Wamba, nos dice Gérard de Sède, daría origen al linaje de los condes del Razès, del que procederán años después los Blanchefort, muchos de ellos vinculados a los cátaros y a los templarios.

Esta larga historia se resume así: el linaje merovingio, no extingui-do, es el único que legítimamente debiera ocupar el trono francés. O, llevando más lejos en el tiempo la deducción: el trono francés corres-pondería a herederos de la *Sangre Real*.

La trama prosigue diciendo que un descendiente de esa línea san-guínea fue Guillem de Gellone, uno de los principales caballeros de Carlomagno, uno de los *pares*, y que, de creer esta versión, sería hijo del que fuera otrora rey judío de Septimania, Teodorico. Guillem de Gellone fue conde de Toulouse y de Razès, y por sus venas circulaba sangre merovingia y judía. Los autores de *El legado mesiánico* afirman que la leyenda de su escudo de armas era la de los exilarcas occidentales: el León de Judá, la tribu de David y de Jesús.

Estos autores recogen una cita de Arthur Zuckerman en la que se advierte que este guerrero medieval guarda fervientemente las costum-bres judías. La cita es la que aquí reproducimos: *"El cronista que escribió el informe original del sitio y la caída de Barcelona registró los acontecimientos de* acuerdo con el calendario judío... (El) comandante de la expedición, duque Guillermo de Narbona y Toulouse, dirigió la campaña guardando estrictamente los sábados y días santos de los judíos. En todo esto disfrutó de la comprensión y la cooperación del rey Luis".

La misma fuente asegura que cuando el rey Luis fue coronado, quien le puso la corona sobre la cabeza no fue otro que Guillem, y que el rey dijo para asombro de todo el mundo: "Señor Guillermo... es tu linaje el que ha levantado al mío".

Se afirma que este hombre misterioso murió en 806. Para entonces, Gellone contaba con una academia rabínica y era un lugar de culto a María Magdalena.

Con gran dosis de optimismo, estos investigadores dicen encontrarse en condiciones de afirmar que, a pesar de los vaivenes históricos, ramas de aquella familia mítica se extendieron por algunos clanes principales de la cristiandad medieval. Entre ellas se menciona a los duques de Aquitania en el siglo IX o la casa de Lorena. Sobre esta última se cuenta que un tal Hugues de Plantard, desciende de la familia del Grial, fue el padre de Eustache, primer conde de Boulougne y abuelo de Godofredo de Bouillon, señor de Lorena. Llegados a este punto, abramos de par en par las puertas de Jerusalén, pues llegan las Cruzadas...

Los caballeros templarios

HACE YA UNAS LÍNEAS QUE HEMOS ARRIBADO a la Edad Media después de navegar a lo largo de mil años de historia. Nuestra audaz quilla ha hendido la mar más oscura y ha salpicado nuestros rostros con un agua tan fresca como aterradora. Sin darnos la posibilidad de respiro alguno, les vamos a sumergir en una de las mayores tramas de la historia de la humanidad, que no será sino eslabón de la gran mentira que, según algunos autores, nos han hecho creer durante dos mil años.

La Orden de los Pobres Conmilitones del Templo de Jerusalén, más popularmente conocidos como Templarios, ha provocado toda suerte de especulaciones, tanto sobre el motivo de su creación como sobre su extraordinario y súbito enriquecimiento, y su dramática y sangrienta extinción aparente. Sería imposible resumir aquí su historia, que abarca desde comienzos del siglo XII hasta los albores del siglo XIV, ni tampoco sus amplias actividades económicas y políticas. Lo único que nos interesa para completar el tapiz que ofrecemos al lector de manera que resulte más comprensible la intriga que estamos desbrozando es su fundación y sus objetivos.

La historiografía oficial, aquella que no ve en esta Orden sino otra igual a las que en el contexto de la Primera Cruzada surgieron en Oriente, tampoco tiene claro el momento exacto de su fundación. Autores como Mestre reconocen que la fecha es incierta y se ha barajado tanto el año 1118 como el 1119. Sin embargo, se muestran menos inseguros al datar su muerte: 22 de marzo de 1312, cuando el papa Clemente V dicta bula que suprime la misma tras ser alentado por el rey francés de la época, Felipe IV el Hermoso, quien ansiaba apoderarse de las riquezas del Temple, con quien estaba endeudado hasta los ojos. Para ello se abrió y engordó un expediente que incluía acusaciones falsas sobre hechicería, reniego de Cristo, sodomía y otras lindezas parecidas.

Al hablar de los comienzos de esta Orden los historiadores se apoyan preferentemente en las vagas noticias que ofrecen los relatos de Guillermo de Tiro y de Jacques de Vitry. El primero de ellos fue patriarca de Jerusalén, pero su nacimiento se produjo en 1130, cuando los hechos que nos van a ocupar ya habían tenido lugar, de modo que tuvo que basarse en otras fuentes o en relatos que escuchó. Era rey Amalrico I (1163-1174) cuando escribió *Historia rerum in partibus transmarinis gestarum*. Y entre esas líneas se lee: *"En aquel mismo año de 1119, ciertos nobles caballeros, llenos de devoción de Dios, religiosos y temerosos de Él (…) hicieron profesión de querer vivir perpetuamente siguiendo la costumbre de las reglas de los canónigos, observando la castidad y la obediencia y rechazando toda propiedad. Los primeros y principales de ellos fueron dos hombres venerables, Hugo de Payns y Godofredo de Saint-Omer".*

El otro cronista al que se apela es, ya lo dijimos, Jacques de Vitry, autor de *Historia orientalis seu hierosolymitana*. Este autor fue el obispo de Acre en el siglo XII, y escribió al respecto: *"Ciertos caballeros amados de Dios y ordenados para su servicio renunciaron al mundo y se consagraron a Cristo (...) Sus jefes eran dos hombres venerables, Hugo de Payns y Godofredo de Saint-Omer. Al principio no fueron más que nueve los que tomaron una decisión tan santa y, durante nueve años, se vistieron con ropas seculares, que los fieles les daban como limosna (...). Y como no tenían iglesia ni lugar en que habitar que les perteneciese, el rey les alojó en su palacio, cerca del Templo del Señor, (...) por esta razón se les llamó más tarde 'templarios'"*.

Ambas citas son bastante posteriores a los hechos. No tenemos tampoco documentos de archivo que vengan a probar estas versiones, según reconoce Alain Demurger: *"casi todos ellos (son) actas de donación, aclaran poco los orígenes del Temple"*.

No obstante, y a pesar de eso, la versión de consenso de la historia ortodoxa dice que los hechos ocurrieron así y que durante nueve años nueve caballeros estuvieron en Jerusalén protegiendo a los peregrinos que llegaban a Tierra Santa. El impulsor y líder del grupo, sostienen, fue un caballero de la nobleza media francesa llamado Hugo de Payns. Y para comprender mejor el contexto en que todo esto ocurre, algo debemos escribir sobre las cruzadas.

Hemos dicho que, supuestamente, este enigmático grupo de sujetos de origen franco y flamenco llega a Jerusalén en 1118. Debe saber el lector que años atrás, en concreto el 27 de noviembre de 1095, el entonces papa Urbano II arengó a los cristianos en el Concilio de Clermont para recuperar Tierra Santa, que estaba en poder de los infieles, según su visión de las cosas de Dios.

Los historiadores oficiales consideran que había bajo esa propuesta objetivos económicos —abrir el Mediterráneo al comercio—, políticos —el papa se hace con un ejército poderoso, mayor incluso que el de muchos reyes— y religiosos —se ofrece el perdón a todo aquel que participe en la expedición—. Urbano II, con ese privilegio que tienen los papas de saber lo que piensa y quiere Dios, enardeció los espíritus y, afirmando que el Supremo lo quería, instó al personal a coserse una cruz en sus sayos y túnicas y a marchar en pos de la gloria. Por supuesto, no se tiene noticia de que él se enfrentara cara a cara a ningún sarraceno en medio del polvo. Pero el caso es que tiene un éxito tremendo y sus discursos crearon escuela.

En efecto, mientras se organizaba la expedición militar alentada por el papa, irrumpe en Francia un sujeto llamado Pedro "el

**Y a Jerusalén marcharon los cruzados, dispuestos a dar
su vida por recuperar los territorios de Tierra Santa.**

Ermitaño" provisto de un verbo arrebatador y que, se dice, fue preceptor de alguno de los personajes claves de toda esta operación. Pedro iba de acá para allá a lomos de una mula y consiguió reunir cientos de brazos y espíritus ofuscados por sus prédicas que partieron hacia Tierra Santa antes de que lo hicieran los soldados de verdad. Iban armados de valor, pero en sus manos no llevaban sino guadañas y palos, de modo que pasó lo que pasó: no lejos de Civitot, en Asia Menor, les pasaron a cuchillo los infieles y casi ninguno quedaba con vida cuando de pronto, a lo lejos, se escucharon los clarines y una nube de polvo subió al cielo. ¿Quiénes son? Son los soldados de verdad, los que llevan armadura y están armados hasta las mandíbulas. Son los soldados de Dios.

Imagínense la escena: miles de hombres completamente ebrios de religión, que se creen de verdad lo que el papa les ha contado, toman el día 14 de julio de 1099 Jerusalén y arrasan con todo y con todos.

"La ciudad presentaba como espectáculo una tal carnicería de enemigos, un tal derramamiento de sangre que los propios vencedores quedaron impresionados de horror y asco", dejó escrito Guillermo de Tiro. Sobre los cadáveres de miles de muertos se construiría el Reino Latino de Jerusalén, el cual se fue extendiendo desde el Líbano hasta el Sinaí a golpe de espada y hacha.

Se propuso a Godofredo de Bouillon ser rey de estas tierras, pero sufrió de pronto un extraño ataque de humildad y afirmó, suponemos que dejando boquiabiertos a todos, que no podía ostentar corona alguna donde Jesús sólo llevó una de espinas, de modo que se declara sólo Defensor del Santo Sepulcro. Cuando él muere, en 1100, su hermano Balduino no le hizo ascos a la corona y se la encasquetó sin mayores prolegómenos, con lo que ya tenemos a Balduino I hecho todo un rey.

El personal, en tanto, se alinea y organiza. En 1110 aparece la Orden del Hospital de San Juan de Jerusalén; un par de años después se crea la Orden de los Caballeros Teutónicos y, según esa visión tan lineal de lo ocurrido, en 1118 llegan nuestros nueve enigmáticos caballeros encabezados por Hugo de Payns y se crea el embrión de la Orden del Temple. Por entonces el rey ya no era Balduino I, sino Balduino II.

Tras nueve años de permanecer en Jerusalén, sin que haya ni una sola referencia histórica a que participaran en batalla, refriega, pendencia o reyerta alguna para proteger ni a peregrinos ni a Dios, Hugo de Payns y cinco de sus compañeros regresan a Francia. Es decir, que sólo quedan tres para defender no se sabe bien qué. Y cuando decimos que pasaron nueve años siendo solamente nueve no lo decimos por capricho o para fastidiar al prójimo, sino que recogemos lo que dice Guillermo de Tiro: *"Aunque llevaban embarcados nueve años en esta empresa, no eran más que nueve".* Es cierto que Demurger cree que esa afirmación no es correcta y que debían ser ya más, pero no consigue pruebas que demuestren lo que dice. Si los historiadores oficiales conceden crédito a Guillermo de Tiro cuando éste afirma que fueron nueve caballeros encabezados por Hugo de Payns quienes crean la Orden del Temple, debieran admitir también el resto de las afirmaciones de ese cronista y no quedarse sólo con las que les cuadran mejor dentro de su lógica académica.

Por otra parte, ¿a qué vienen a Francia tras hacer escala primero en Roma? Pues a recibir una regla que les homologue como gente de Dios. Una regla que se les dispensa en el Concilio de Troyes, en la Champaña, en 1128 y en cuya redacción jugó un papel estelar Bernando de Claraval, abad cisterciense, linterna del cristianismo en aquella época y, casualmente, sobrino de uno de los primeros nueve míticos caballeros templarios, Andrés de Montbart.

Sin embargo, ¿qué dice Demurger sobre ese viaje? Pues señala que los viajes que Hugo de Payns hace por Francia a partir de ese instante se deben a una crisis de crecimiento de la Orden. Buscaba adeptos, sostiene. Pero, ¿no ha dicho él mismo que ya eran más de nueve? En concreto afirmó que *"los templarios eran ya mucho más numerosos".* En fin, que se observan extrañas contradicciones, entre las que nos parece tremendamente significativa la que obvia la incorporación al grupo de nueve primeros de un décimo, el conde de Champaña, también llamado

Hugo, el cual se suma al grupo en 1125 tras repudiar a su esposa y ceder todas sus tierras a su sobrino Thibaud de Blois.

Repaso a los enigmas

Si EL LECTOR TIENE LA PACIENCIA que se requiere para leer algunas páginas más, comprenderá qué relación guardan todos estos hechos con la maraña que se expresa en *El Código Da Vinci*. Para ayudarle vamos a recapitular algunas de las consideraciones que todo este asunto de los templarios nos merece.

En la obra *Los Templarios y la palabra perdida* se muestra el desacuerdo con las interpretaciones oficiales que sobre este hecho histórico existen. Es cierto que nuestra versión difiere de la que el novelista Brown y los autores que hemos venido citando emplean, pero sí se hermanan en algunos puntos que ahora le resumimos al lector.

Parece ciertamente extraño que un grupo de desconocidos, por mucho que fueran nueve caballeros, se presentaran ante el rey de Jerusalén Balduino II y, sin más credenciales que su supuesta fe, reciban de éste la cesión de parte de su residencia oficial, que estaba ubicada allí donde en tiempos anteriores lo estuvo el mítico Templo de Jerusalén construido por Salomón y luego reconstruido por Herodes.

Aún es más complicado de creer toda esa historia si añadimos que el "ideólogo" del grupo se nos dice que fue un oscuro caballero de la nobleza media francesa llamado Hugo de Payns, una localidad de la Champaña vecina de Troyes, donde la Orden recibirá su regla.

Todavía es más enigmático el hecho de que al final el rey les ceda por completo toda la explanada del Templo con las mezquitas que allí había entonces: una pequeña octogonal llamada Kubbat-el-Silsileh o Cúpula de la Cadena; otra imponente llamada Kubbat-el-Sakhra o Cúpula de la Roca, y otra conocida como Kubbat-el-Aqsa.

Súmese a la extraña situación el hecho de que durante nueve años aquella gente no salga en absoluto de ese recinto, un paraje mágico y sagrado. Desde allí se había ido al cielo Mahoma a lomos de su inimitable mula; allí fue donde Abraham demostró su fe en Yavhé y estuvo a punto de sacrificar a su hijo Isaac; allí es donde Yavhé situó el centro del mundo y allí estuvo el Templo de Salomón. La pregunta es: ¿qué hacían allí esos nueve misteriosos caballeros? Por último, no produce menor pasmo el hecho de que Hugo de Champaña, conde de esa región y señor de Hugo de Payns, se incorpore al grupo en 1125 y se nos diga que se puso a las órdenes de su vasallo, algo imposible de admitir si se conoce la rígida estructura social de la Edad Media.

Finalmente, dos casualidades habrá que consignar y que se producen poco después: la exorbitante riqueza que exhibe el Temple y la súbita aparición por media Europa de las catedrales góticas, que son especialmente abundantes en Francia.

Castillo templario en Ponferrada, el gran bastión español.

Algunas respuestas

EN LA OBRA ANTES CITADA SE PRETENDE dar una solución global a toda esta intrincada confabulación, pero ahora nos vamos a alejar de esa hipótesis levemente para que el lector pueda comprender en qué se basa el "argumento Da Vinci" y el resto de las opiniones que hemos compartido con usted hasta ahora. Comprobemos si tenemos éxito

Lo primero que ha de saber el lector es que hay constancia histórica de que Hugo de Champaña viajó a Tierra Santa años antes de que lo hicieran los extraños caballeros de marras. Este noble, señor en cuyos terrenos suceden casi todas las cosas que a continuación vamos a referir, estuvo en Jerusalén, en palabras de Charpentier, *"en una fecha no conocida con precisión pero que por lo general se fija entre los años 1104 y 1105"*. Es decir, catorce años antes de la expedición encabezada por Hugo de Payns. Es más, al parecer regresó a Jerusalén en 1108. O sea, que hace dos viajes. ¿Por qué?

Nuestra personal interpretación le relacionaba con Esteban Harding, segundo abad del Cister, quien le pudo enviar con una misión concreta derivada del descubrimiento de algo verdaderamente trascendente que había aparecido en unos manuscritos en los que trabajaron para esta orden rabinos judíos de Champaña, entre los cuales es probable que estuviera el mítico Rashi de Troyes. La historia que aquí vamos a plantear varía sustancialmente de nuestra idea. No obstante, sigue siendo importante el dato indicado: Hugo de Champaña viaja por dos veces a Jerusalén años antes de la aparición de los primeros templarios.

En segundo lugar, Hugo de Champaña es el hombre que cede al Cister los terrenos necesarios en Claraval para la fundación de un monasterio que estará dirigido por Bernardo, el alma de la futura Orden del Temple, pues es quien supervisa su regla.

Bernardo y Hugo de Champaña parecen ser amigos, como demuestra esta carta que el monje dirige al noble y que reproduce Michel

Lamy: *"Si, por la causa de Dios, has pasado de ser conde a ser caballero, y de ser rico a ser pobre, te felicitamos por tu progreso como es justo, y glorificamos a Dios en ti, sabiendo que éste es un cambio en beneficio del Señor. Por lo demás, confieso que no nos es fácil vernos privados de tu alegre presencia por no sé qué justicia de Dios a menos que de vez en cuando gocemos del privilegio de verte, si ello es posible, lo que deseamos sobre todas las cosas".*

Claramente se ve que entre ambos hay una enorme simpatía. Pero aún hay más. Los nombres de los primeros nueve caballeros son los siguientes: Andrés de Montabard, Godofredo de Saint-Omer, Payen de Montdidier y Archimbaldo de Saint-Amand, Gondemar, Godefroy, Rosal y Godofredo Bisol. Pues bien, el primero de los citados es tío de Bernardo de Claraval, y formaba parte, como los dos caballeros citados a continuación, del séquito de Eustaquio de Bolonia, hermano de Godofredo de Bouillon, quien dijimos que no aceptó la corona de rey de Jerusalén tras las primera Cruzada.

Es decir, que parece tejerse cierta trama entre ellos. Y si esos caballeros formaban parte de un séquito tan próximo a la familia de Godofredo de Bouillon entonces no es tan extraño que Balduino II les cediera aquellos aposentos, pues no eran unos desconocidos. No obstante, sigue siendo raro que les acabe por legar la totalidad de los edificios de la explanada del Templo, salvo que no sólo les conociera, sino que les temiera o se debiera a sus órdenes.

Sigamos hablando brevemente de Champaña, el condado que gobernaba Hugo. No deja de ser curioso que Payns fuera un feudo vasallo suyo; que Troyes, lugar donde se celebra el Concilio que proporciona la regla al Temple esté en sus tierras; que también allí estén incluso hoy lugares que recuerdan a la Orden por todos los sitios —encomiendas, el Lago del Temple, el Bosque del Temple...—; que el papa Urbano II, que es quien predica la Primera Cruzada, fuera de Champaña... y que haya leyendas, de las que autores como Charpentier se hacen eco, que afirman que allí llevaron los templarios un misterioso descubrimiento que hicieron en las entrañas del viejo solar del Templo de Salomón.

¿No les parece realmente curiosa esta acumulación de casualidades?

Ahora bien, se preguntará tal vez el lector, ¿a qué se debe el giro brusco de la narración? ¿No estábamos rastreando la posible existencia de un linaje procedente de Jesús? ¿Qué tiene que ver esto con los caballeros templarios?

Hemos querido hablar primero del Temple por ser sus misterios populares. También hemos preferido advertir al lector de las aparentes contradicciones que la explicación convencional sobre su creación genera. Y todo ello dejando de lado otras posibles soluciones, que personalmente nos seducen tanto como para haber dedicado a ellas libros y varios años de investigación.

Jacobo de Molay y Charney son ajusticiados en París. Es el fin del Temple.

El Priorato de Sion

EN LA NOVELA QUE NOS SIRVE DE PRETEXTO para infiltrarnos por los senderos de la herejía, su protagonista, Langdon, habla a Sophie, la otra protagonista de la obra, de una misteriosa sociedad secreta llamada el Priorato de Sion. ¿Qué tiene que ver con los caballeros templarios y con el supuesto linaje de Jesús? Mucho, como enseguida se verá. Langdon afirma que *"el Priorato de Sion lo fundó en Jerusalén un rey francés llamado Godofredo de Bouillon, en el año 1099, inmediatamente después de haber conquistado la ciudad"*. ¿Y cuál era el objeto de esa fundación? Así responde a nuestra pregunta ese personaje de ficción: *"Ese rey, supuestamente, tenía en su poder un importante secreto, un secreto que había estado en conocimiento de su familia desde los tiempos de Jesús"*.

De este modo, vemos ya una serie de relaciones entre todos los senderos que hemos venido recorriendo hasta ahora, pues en esas frases encontramos alusiones a Jesús, a un secreto, a Godofredo de Bouillon, a la toma de Jerusalén y a una nueva y misteriosa organización llamada el Priorato de Sion. A continuación vamos a tratar de unir todos estos cabos sueltos para que el dibujo aparezca ante los ojos del lector.

Páginas atrás dijimos, atendiendo a las hipótesis que circulan entre diferentes autores, que los descendientes merovingios, supuestamente emparentados con los de Jesús en algún impreciso momento de la historia, se relacionan con diferentes casas de la nobleza medieval. Entre ellas subrayamos la importancia de la de Lorena y mencionamos el curioso interés que tuvieron miembros de la misma por la iglesia donde se cuenta que está enterrado Dagoberto II, el monarca merovingio asesinado. Incluso citamos expresamente el nombre de Eustache, primer conde de Boulogne, como personaje de aquellos episodios, y también dijimos que era el abuelo de Godofredo de Bouillon.

Por tanto, la familia del tal Godofredo estaba emparentada, de dar crédito a esta hipótesis, con el mítico linaje griálico. La casa de Lorena que encarnó Godofredo estaría, por extensión, vinculada a ese linaje y quizá entre las causas que ya mencionamos para la Primera Cruzada –económicas, políticas y religiosas– hubiera que añadir otra de corte mistérico o iniciático y no por ello menos político: Godofredo encarnaba el linaje de Jesús de Nazaret; es decir, el linaje davídico. Y cuando conquista Jerusalén está cerrando un círculo. Se podría decir que la *Sangre Real* está regresando a casa.

Cuentan los autores de *El enigma sagrado* que aún incluso en el siglo XVI Henri de Lorena, a la sazón duque de Guisa, al entrar en la ciudad de Joinville, en la Champaña, fue aclamado por la multitud, entre la cual hubo muchos que gritaron a su paso *"Hosannah filio David"*, –"Hosanna al hijo de David"–.

Esta extraordinaria noticia, que a todos debiera dejar ya pasmados por su audaz lectura de la historia, no es la única sorpresa que nos aguarda. Veamos dónde se encuentra esta línea que hemos trazado a propósito del Temple.

Como ya vimos, numerosos son los enigmas sobre el momento de la fundación del Temple, así como sus verdaderos objetivos. Descubrimos algunas posibles claves, pero dejamos abierta otra línea de trabajo que ahora recuperamos, y es la que enlaza directamente a Godofredo de Bouillon con los templarios.

A finales de los años cincuenta y comienzos de los sesenta del pasado siglo XX comenzaron a circular por Europa una serie de documentos que habían sido secretos hasta ese momento. Sobre ellos se dirán más cosas en adelante, por lo que sólo apuntaremos ahora algo básico para nuestras pesquisas: aquellos documentos hablaban de una organización secreta fundada por Godofredo de Bouillon. Un grupo misterioso que recibió el nombre de Orden de Sion.

Los polémicos papeles afirmaban que la familia de Balduino I, que sucedió a Godofredo en el trono de Jerusalén, era real por derecho de sangre. Y que nueve años antes de que los cruzados tomaran Jerusalén Godofredo de Bouillon había creado esa oscura Orden –realmente unos autores dicen que tal fundación tuvo lugar en 1090; otros, en

1099–. Incluso se afirmaba que Balduino I debía el trono a esa organización, que al parecer había tenido por sede la abadía de Notre Dame del Monte Sion en Jerusalén.

Las crónicas sobre las cruzadas no mencionan, al menos que sepamos, la existencia de este grupo, lo cual no invalida la posibilidad de su existencia si es que su propósito era ser discreto y conservar un conocimiento peligroso. Sí que parece haber habido, no obstante, en la colina de Sion una vieja iglesia bizantina sobre la cual se cuenta que se construyó la abadía de marras por iniciativa de Godofredo. Y además debía ser un enclave muy interesante dadas las medidas de seguridad que se tomaron a su alrededor en forma de murallas y almenas.

Baigent y sus compañeros de investigación no dudan un ápice a la hora de afirmar que *"los caballeros y los monjes que ocupaban la iglesia del Santo Sepulcro, edificada también por Godofredo, formaron una 'orden' oficial y debidamente constituida: la orden del Santo Sepulcro"*, y concluyen que muy probablemente igual modelo se seguiría en el caso de la iglesia de Sion, es decir, fundar una orden para ese enclave. Para corroborar sus sospechas acuden a una cita extraída de la obra de M. de Vogüé titulada *Les Éclesies de la terre sainte*. En ella se lee que existió esa comunidad y que se llamó Santa María del Monte Sion y del Santo Espírtu. Continuemos...

Aún más claro se ve todo a través de la obra de Vicent *Histoire de l'ancienne imagen miraculeuse de Notre Dame de Sion*, pues en ella quedó escrito en 1968: *"Había en Jerusalén durante las cruzadas... caballeros agregados a la abadía de Notre Dame de Sion que adoptaron el nombre de 'Chevaliers de l'Ordre de Notre Dame de Sion"*.

Por tanto, años antes de que los futuros caballeros templarios aparezcan en escena, ya existe una orden misteriosa alentada por Godofredo de Bouillon. Y también hemos visto que Hugo de Champaña realiza viajes a Jerusalén antes de que los templarios se manifiesten públicamente. Además, hemos recordado que algunos de aquellos nueve primeros monjes guerreros formaban parte del séquito del hermano de Godofredo, y que entre muchos de estos personajes había relaciones de amistad e incluso familiares. Pero sigamos avanzando por entre la herejía religiosa e histórica...

El Priorato y el Temple

EL HISTORIADOR JOSÉ ÁNGEL GARCÍA DE CORTAZAR reconoce la trascendencia de dos movimientos previos a las andanzas monásticas en el Occidente medieval. Se refiere a la importante actividad de los monjes de la Italia meridional, especialmente en Apulia y Calabria, los cuales, afirma, mantuvieron *"la tradiciones egipcias, griegas y bizantinas"*. Y precisamente de Calabria se afirma que llegaron alrededor de 1070 –veintinueve años antes de que tomara Jerusalén en la Primera Cruzada– un grupo de monjes que se instalaron en un lugar que, ya ven ustedes la casualidad, era propiedad de Godofredo de Bouillon: un bosque de las Ardenas.

El escritor francés Gérard de Sède asegura que entre esos monjes había uno a quien llamaban Ursus, apelativo vinculado a los reyes merovingios, según afirman los que creen en toda esta trama. Los monjes encontraron cobijo y patrocinio por parte de la tía y madre adoptiva de Godofredo, Mathilde de Toscane, y se les cedió unas tierras en Orval, donde construyeron una abadía. Y, otra casualidad más, ese lugar está próximo a Stenay, donde se asegura que fue asesinado el famoso rey merovingio Dagoberto II.

En los primeros años del siglo XII no queda ni rastro de este grupo de monjes entre los cuales, se afirma, pudo llegar el mítico Pedro "el Ermitaño", a quien ya vimos impulsando una cruzada de fanáticos cristianos previa a la oficial y homologada por el papa. Igualmente se dice que el tal Pedro fue preceptor personal de Godofredo de Bouillon. ¿Es razón suficiente esa especulación para poder pensar que los monjes sabían algo trascendente sobre el linaje real y Godofredo fue alertado por ellos? ¿Se puede llegar a pensar que de esas confidencias nació la

MARIANO FERNÁNDEZ URRESTI Y LORENZO FERNÁNDEZ BUENO

idea de recuperar los Santos Lugares para tomar tal vez algo que probara esa línea davídica? ¿Sería su objetivo quizás esos documentos de los que ya hemos hablado y que quizá reposaban en la panza del solar del Templo de Salomón?

Sin duda, son sólo especulaciones, si bien hay autores que se esfuerzan en demostrar la solidez de esta hipótesis, a la que no hay que negar un aroma seductor. Y la verdad es que muchos nombres y muchas piezas comienzan a encajar de pronto: lo súbito de la idea de la Cruzada,

Et in Arcadia ego... de Nicolas Poussin, un misterioso cuadro que contiene claves sobre el posible linaje de Jesús de Nazaret.

la presencia de Godofredo de Bouillon en papel estelar, los viajes previos de Hugo de Champaña antes de que llegara a Jerusalén su vasallo Hugo de Payns con otros ocho acompañantes, muchos de ellos amigos, conocidos o parientes de los demás...

En líneas precedentes hemos citado la existencia de unos documentos singulares que aparecieron en el pasado siglo XX en los que se mencionaba al Priorato de Sion, pero en unos de ellos, los llamados *Dossiers Secrets*, también se habla del Temple y de sus fundadores. Se les menciona de esta manera: *"Hugues de Payen, Bisol de St. Omer y Hugues, conde de la Champagne, junto con ciertos miembros de la Orden de Sion, André de Montbard, Archambaud de Saint-Aignan, Nivard de Montdidier, Gondemar y Rossal"*.

Lo que debe asombrarnos es que se cite a André de Montbard, el tío de Bernardo de Claraval, no sólo como uno de los fundadores del Temple, algo que ya sabíamos, sino como miembro de la enigmática Orden de Sion. Por tanto, se ve claramente que ésta existe y que es previa a la fundación del Temple, lo que llena de regocijo a quienes sostienen toda esta endiablada hipótesis.

La misma fuente asegura que en marzo de 1117 el entonces rey Balduino I, *"que debía su trono a Sion"*, fue *"obligado"* a negociar la constitución de la Orden del Temple. Es decir, que eso vendría a explicar las razones por las cuales el monarca dona los edificios de la explanada del Templo y su propio palacio a unos recién llegados. No es que les conociera, sino que se vio obligado a proceder así por mandato de la Orden de Sion, a la cual debía el trono.

La misma corriente de opinión sostiene que los caballeros del Temple, cuya constitución ya sospechábamos que era anterior —o, tal y como ahora se propone, procedían de otro grupo secreto más antiguo—, fue el brazo armado de la Orden de Sion. Mientras tanto, la abadía de Orval en la que se instalaron los misteriosos monjes llegados de Calabria, pasó a estar bajo el control de Bernardo de Claraval. La trama no deja ningún cabo suelto, como se ve.

Durante años, en concreto hasta 1188, los Grandes Maestres del Temple y de la Orden de Sion fueron los mismos, dicen los misteriosos documentos secretos —que dejaron de serlo, claro—. Se asegura que en 1152, en tiempos del rey francés Luis VII, noventa y cinco miembros de la Orden regresaron a Francia estableciendo su Gran Priorato en Orléans, algo que Baigent, Lincoln y Leigh aseguran haber probado a través de los archivos municipales, donde se encuentra incluso una bula dictada en 1178 por el papa Alejandro III en la que se confirman oficialmente las posesiones de esa Orden en Orléans. Pero bruscamente, ambas misteriosas Órdenes, la de Sion y la del Temple, se separan en 1188 por alguna razón que no está clara.. Un año antes, Jerusalén había caído del lado musulmán y se cuenta que Gérard de Ridefort, Gran Maestre del Temple, tuvo mucho que ver con semejante desastre militar. Los misteriosos *Documentos Secretos* a los que hemos aludido afirman que cometió traición, pero no queda claro de qué tipo. La gente de la Orden de Sion regresó a Francia y algo debió ocurrir en Gisors que provocó la excisión de ambas organizaciones. Sin embargo, hay algo que no entendemos muy bien: si las dos tenían el mismo Gran Maestre, ¿qué razón tenían los de Sion para culpar al Maestre del Temple de traición?

Sea como fuere, cerca del castillo de Gisors, que era templario, había un descampado conocido como "Campo Sagrado", y en él había un olmo casi milenario y de enormes proporciones, hasta el punto de que nueve hombres formando un corro no podían abarcarlo. Y allí pasó algo, pero no se sabe bien qué.

Hay crónicas medievales que mencionan una refriega entre el rey francés y el inglés y sus respectivas mesnadas, pero eso no tendría nada que ver con nuestros protagonistas. Sin embargo, si damos crédito a los *Documentos* de marras, la división entre la Orden de Sion y el Temple ocurrió allí y se escenificó con la tala de aquel centenario olmo.

Desde ese momento, cada Orden siguió su propio camino y tuvo sus propios Grandes Maestres. La Orden de Sion cambió su nombre pasando a denominarse Priorato de Sion. El Temple siguió creciendo en poder, riqueza y quizá conocimientos secretos. No obstante, ¿eran los mismos conocimientos secretos que tan bien consiguió disimular el Priorato de Sion? ¿Por qué el Priorato desapareció casi literalmente de la historia? Quizá por el enorme secreto que custodiaba y del cual dice lo siguiente Langdon en *El Código Da Vinci*: *"...Durante sus años en Jerusalén, el Priorato tuvo conocimiento de una serie de documentos enterrados debajo de las ruinas del templo de Herodes (...) esos documentos confirmaban el secreto de Godofredo y eran de una naturaleza tan explosiva que la Iglesia no pararía hasta hacerse con ellos"*.

La Iglesia mataría por ellos. Montségur

MONTSÉGUR ESTABA ALLÁ ARRIBA, en la cima de una montaña a la que pareciera imposible llegar, pero a la cual, con gotas gordas de esfuerzo, se llega. Pero estaba allá arriba rota, como un juguete viejo, desmadejada como muchacha violada tras cualquier tapia. Pero estaba allá arriba muerta, yerma, estéril, agostada como el lado divino del hombre. ¿Y saben lo más triste? Lo más triste es que fue la Iglesia, en nombre de su Dios, quien asoló Montségur...

¿Por qué?

Lo primero que quisiéramos es hacer ver a la lectora o al lector que estamos en el corazón del Languedoc, en el sureste francés. Es decir, vecinos puerta con puerta de aquella región en la que se propagó la creencia en el desembarco de María Magdalena provista del Santo Grial. Lindamos con aquellos primeros santuarios en memoria de la Señora con su hijo Horus en brazos. Tierras por las que se irradió como epidemia la proliferación de Vírgenes negras. Tierra extraña esta del Languedoc, donde se hablaba un idioma propio y donde se practicaba una tolerancia religiosa que recuerda a la que durante unos siglos disfrutó Al-Andalus. Montes y valles donde la cultura floreció más allá de lo previsto y que, también durante un tiempo, quedó fuera del reino de Francia. Un puñado de familias nobles, la más notable de las cuales era la casa de Trencavel, gobernaba aquel lugar al que en el siglo XII la Iglesia trajo a su Dios mientras gritaba, con espumarajos en la boca, que la región estaba infectada por la *"sucia lepra del sur"*.

Miramos hacia Montségur seguros de observar uno de los perfiles de Dios, pensando con qué placer hubieramos padecido aquella lepra.

De haber tenido entonces memoria suficiente para recordarlo, en la mente hubieran aparecido estas frases escritas por Juan Eslava Galán:

El castillo de Montségur, en cuyo interior se guardó un gran tesoro...

"Hacia 1150, unos extraños misioneros barbudos aparecieron por los caminos del Languedoc, en el Sur de Francia. Solían viajar en parejas, vestían de negro o de azul marino, con ceñidor de cuerda. Predicaban a los humildes en las plazas y mercados, en las aldeas y ciudades, pero no evitaban las mansiones de algunos nobles o de ricos mercaderes...".

...exactamente igual que Jesús, a quien algunos reprocharon el que se rozara con publicanos, gentiles y gentes de mal agüero a ojos de un judío ortodoxo. ¿De dónde llegaron esas gentes misteriosas?

La versión más extendida sostiene que ya en el siglo IX por tierras búlgaras se apreció un movimiento al que dieron en llamar *bogomilo* y cuya gracia fundamental estaba en alterar la tranquilidad de la Iglesia sosteniendo que estaban del lado del "Dios blanco" en su lucha contra el "Dios negro".

Esta primera pincelada nos debiera estremecer, puesto que los viejos gnósticos, aquellos que buscaban a Dios sin intermediarios religiosos y cuyas ideas algunos asemejan con las de los primeros cristianos, también creían en unas fuerzas que encarnaban el Bien y en otras que encarnaban el Mal. Y siendo soñadores como somos, ¿no tendrá que ver esto con el tradicional banderín templario llamado *bausant* y que era justamente negro y blanco?

Esos hombres y mujeres fueron llamados posteriormente *katharer*, vocablo de claro aroma griego y que significa "puro". Y fue así como a estos singulares predicadores comenzó a conocérseles bajo el apelativo de "puros" o de "hombres buenos".

Las ideas que predicaban cayeron como fértil semilla en aquellas tierras verdes, prendiendo en especial en ciudades como Albi, de donde salió su primer obispo, como recuerda Mestre. De este modo, cuando la Iglesia comprendió lo que había en juego y determinó preguntar directamente a Dios —que para eso es la única que está autorizada a hacerlo— qué debía hacer, se terminó por denominarles peyorativamente "albigenses".

Es muy curioso, pero esta región estaba llena de pasado griálico y uno tropezaba con un par de templarios a la vuelta de cualquier árbol. Paralelamente, los nobles locales abrazaron las nuevas teorías con un fervor tan extraño que sería imposible de explicar si no fuera porque aquellas coincidían, como si fuera un calco, con filosofías centenarias que se remontaban, como poco, al momento en que llegó Magdalena a estos pagos sureños franceses.

Historiadores como Julio Valdeón hacen notar también lo extraño del éxito popular de esta desviación del cristianismo oficial a diferencia de otras llamadas herejías: *"...a diferencia de lo que había sucedido con las antiguas herejías orientales, que casi sólo habían afectado a los eclesiásticos, el movimiento de los valdenses, y especialmente el catarismo, tuvieron un amplio eco popular".*

¿Por qué ocurrió eso? ¿Qué decían los cátaros que tan lógico le pareció al más humilde de los agricultores o al más zote de los molineros? ¿Por qué esas ideas cautivaron tanto a los pobres como a los ricos? ¿Qué provocó la ira sanguinaria de la Iglesia? ¿Puede ser casual que su otro gran centro de acción lo tuvieran en Champaña, la región que vio nacer al Temple?

Se ha de saber que el pueblo estaba harto de una Iglesia que no hacía nada de lo que predicaba; que cobraba exorbitantes diezmos a los más humildes ganapanes y que sólo sabía sacar a relucir una y otra vez el manoseado argumento del pecado y de los infiernos perpetuos.

Y en esas estaban cuando irrumpen en escena unos hombres y mujeres que no hablan con voz engolada, cuyos hábitos son humildes y no están repletos de barrigas conquistadas tras muchas comilonas y borracheras, y para los cuales no hay infiernos que valgan. El hombre, dirán, en su última encarnación alcanza un nivel de perfección que le permite fusionarse con el Dios bueno.

Los predicadores hablan de pobreza, y además dan ejemplo. Se declaran opuestos a toda forma de violencia, incluida la que se practicaba sobre los animales. Se muestran escrupulosos con el trato hacia su cuerpo, razón por la cual no comen carne, ni huevos, ni leche, pero sí pescado.

Rechazan el Antiguo Testamento y predican en lo que creen de dos en dos, mientras que se reúnen en casas comunes dirigidas por un anciano y en las que hombres y mujeres opinan y mandan en la misma medida. Y si todo lo anterior escocía a la Iglesia, las últimas frases —en cuanto ve a la mujer con cierto protagonismo a la Iglesia le entran sarpullidos— molestaron especialmente. ¿Qué hacía la mujer oficiando ritos? ¿Qué era eso de andar por ahí predicando como si supiera lo que decía? ¿No se tardó en resolver que esos seres tenían alma? ¿Cómo iban a dar lecciones a nadie?

Pero había algo más tras ese odio. Había la precaución ancestral de las sotanas hacia todo lo que oliera al viejo culto que oficiaban las sacerdotisas. Se estaba a un paso de reverdecer los viejos laureles de la fertilidad encarnados por Isis, Astarté, Venus, y, ¡maldición!, María Magdalena...

Lápida que recuerda la terrible matanza de los cátaros en Montségur. Pero el "tesoro" ya estaba a salvo...

Luz y tinieblas. El mundo de los cátaros se reducía a esos dos principios en permanente refriega, y los hombres somos las espadas manejadas por invisibles manos. Ambos principios son eternos. El Bien es inmaterial; el Mal ha creado la materia. Por tanto, nada de lo material puede ser puro, ni siquiera el hombre, ni siquiera Jesús, puesto que encarnó en la Tierra.

Aquella gente, en nuestra opinión, fue atacada cruelmente por la Iglesia por dos razones especialmente: por algunos de esos principios filosóficos que hemos subrayado y que incluían ritos cuya naturaleza aún desconocemos, y por un tesoro que custodiaban. Entre los rituales cátaros de los que siempre se habla está el llamado *consolamentum*, cuya naturaleza es todo un misterio y que tenía, como en los viejos ritos iniciáticos, una parte pública y otra privada. La pública podríamos compararla a la ordenación de los presbíteros católicos; la privada era una especie de pase mágico con imposición de manos incluida que provocaba algún tipo de transformación en el receptor. Michel Lamy ha escrito que a través de dicho rito el cátaro *"creía devolver al hombre su alma divina".*

En *Los Templarios y la palabra perdida* se extrae el tuétano a esa ceremonia, comulgando con la idea expuesta por Maurice Magre a propósito del *consolamentum* que era, en opinión de este autor, *"el secreto de Jesús, el espíritu del Grial".* Pero no podemos seguir ahora esa senda que nosotros mismos trazamos en nuestro rastreo de los misterios templarios, aunque la tomamos prestada de refilón para nuestra actual empresa. Y es que se observan parentescos entre la doctrina cátara, el secreto del Temple... y la posible naturaleza del Grial.

El lector convendrá con nosotros que todas estas cosas eran demasiado peligrosas para la Iglesia. ¡Estaría bueno que al hombre le diera por buscar a Dios por sí solo! ¡Hasta ahí hemos llegado!

Sin duda, ésas serían buenas razones para que las negras sotanas sacasen del armario al sanguinario Dios del Antiguo Testamento, ese que siempre tienen a mano cuando se trata de matar al prójimo que no piensa igual. Es posible que el odio desmedido que allá arriba, en Montségur, tuvo lugar se debiera a algo más grave; a algo más terrible para la Iglesia. Y si no fue la filosofía de esta gente, habrá que pensar en el otro posible móvil: el tesoro cátaro.

El papa Inocencio III —¡qué ironía de nombre!— fue contando cuántos diezmos perdía la Iglesia en Languedoc y cuántos fieles

—seguramente contó en ese orden–, resolviendo que eran muchos, demasiados. Por lo tanto, miró de reojo a Dios, al que el papa siempre puede consultar, y decidió ir a la guerra. Bueno, mejor dicho, a la cruzada. Y es que se ha de saber que esta gente desvergonzada, que usa y abusa del nombre de Dios en su beneficio, bautizó la campaña como "cruzada albigense". Todo consistía en matar cristianos, pero cristianos *de los otros*, de los que opinan diferente. Y se prometió la salvación eterna y todas las demás cosas que se incluyen en el lote completo cuando el católico va a la lucha en nombre del Dios de la Iglesia.

Y así, sedientos de tierras y especialmente babeando ante la posibilidad de hacerse con el tesoro cátaro, en 1209 los soldados del Papa se dan cita en Lyon. Los que les vieron afirman que eran unos veinte mil jinetes y el doble de peones de infantería.

La campaña fue una masacre. Los cátaros eran pocos, y los señores que les amparaban difícilmente podían competir contra aquella muchedumbre del pontífice. De modo que fueron muriendo, de uno en uno, ¡de mil en mil! Y se llegó a la ciudad de Béziers.

Era el 22 de julio. Las tropas de Dios estaban bajo el mando de un hombre cuyo nombre aún hoy en día causa pavor en el Languedoc. Se llamaba Simon de Montfor. Él fue quien dijo a sus mesnadas, a propósito de los civiles que había en Béziers, *"matadlos a todos, que Dios reconocerá a los suyos"*. Pero quizá Dios estaba llorando y no pudo distinguir a nadie. Quizá Dios estaba ya harto de todo y se había hecho cátaro.

Cuando el Languedoc era un río de sangre y los campos pedían clemencia bajo las uñas de los caballos del papa, sólo un lugar quedaba en pie. Era esa fortaleza en ruinas donde creímos ver aquella tarde la triste suerte del lado divino del ser humano: Montségur.

Allá arriba, al abrigo de la cortante peña que lleva el nombre de Tabo —recuerda a Tabor, el lugar donde algunos dicen que se operó la Transfiguración de Jesús— y mirando el valle desde 1.272 orgullosos metros, estaban los cátaros que custodiaban el tesoro.

Aquel bastión había sido construido por orden de Raimundo de Blasco entre 1205 y 1211, y parece ser que se diseñó sobre un antiguo templo solar, siguiendo su mágica disposición.

No había manera de tomar al asalto aquella fortaleza, al menos no de momento, pensaron las huestes de la Iglesia, de modo que le pusieron sitio. Y el sitio se prolonga. Los encastillados son surtidos de víveres por gentes de la región que saben cómo burlar a los sitiadores y subir allá arriba por entre las peñas.

Hay investigadores que afirman que en enero, tres meses antes de su final, dos "perfectos" salieron a hurtadillas de allí llevándose todo cuanto pudieron del tesoro material que se guardaba en la fortaleza. Nadie les vio; todo es leyenda. A comienzos de marzo se decide tomar el bastión por la fuerza. Quedaban dentro menos de cuatrocientas personas, y menos de dos centenares eran "perfectos". Al final, claudican. La Iglesia se muestra extrañamente benévola, tal vez pensando que ya tenía a su alcance el tesoro. Se exige a los rendidos que abjuren de sus pecados para ser perdonados, pues en caso contrario su fin será la hoguera.

El señor de castillo, Raimundo de Perella, y los suyos condicionan la entrega de la fortaleza a que se les permita permanecer allí hasta el día 16 de marzo de aquel año de 1244. ¿Por qué razón hasta ese día? Lamentablemente, tal vez nunca lo sabremos. Pero sí se cuenta en las leyendas que en vísperas de cumplirse ese fatídico plazo cuatro hombres de la guarnición cátara se descolgaron llevando consigo algo que muchos autores sospechan que era el verdadero tesoro cátaro. El mismo que la Iglesia buscó denodadamente en la fortaleza al día siguiente. Tal vez, ¿el mismo que se buscará años más tarde en la Torre del Temple de París con idéntico nulo resultado? Al día siguiente, ante la sorpresa de los sitiadores, los vencidos no abjuran de sus creencias y, en estremecedora fila disciplinada, se precipitan a las lenguas de unas gigantescas hogueras improvisadas para la ocasión en la pradera próxima al castillo, hoy conocida como *Camp dels Cremats*.

El adiós del Grial

¿QUÉ FUE LO QUE LLEVARON OCULTO entre los pliegues de sus túnicas o en saca de peso y longitud desconocidas aquellos cuatro cátaros? ¿Qué se sabe de ellos? Pues a decir verdad, nada concreto. La tradición oral bautiza a uno de ellos con el nombre de Amiel Alicart; a otro, con el de Hugues, y a un tercero como Pichel de Poitevin. Pero la verdad es que no nos importan sus nombres, sino las razones que tuvieron para esperar hasta el último día para hacer lo que hicieron. ¿Por qué razón la tregua tenía que durar hasta el día 16 de marzo? ¿Se celebraba allí una ceremonia que sólo podía tener lugar en esa fecha y que precisaba del maravilloso tesoro cátaro? ¿Tal vez por ello no lo pusieron a salvo antes?

En lo alto la fortaleza inexpugnable de Montségur, donde se produjo el genocidio.

Pero, ¿en qué podría consistir ese tesoro? ¿Pergaminos polvorientos o Cálices en cuya panza estaba reseca la sangre de Cristo? ¿El Arca de la Alianza, o tal vez, la *Sangre Real* encarnada en los herederos del linaje a los que la Iglesia pretendió asesinar una vez más como

MARIANO FERNÁNDEZ URRESTI Y LORENZO FERNÁNDEZ BUENO

en los viejos tiempos de Dagoberto II? ¿Quién puede responder a una de estas preguntas? Habrá recompensa para quien lo haga...

Mientras tanto, los investigadores investigan, que para eso están.

Los nazis ya lo hicieron en los años treinta encomendando la misión de localizar el escurridizo Grial a Otto Rahn, un tipo de las SS que siempre termina siendo citado en estas crónicas. Otros lo han hecho en fechas aún más recientes.

En las tierras vecinas de Sabarthès Jean Blum ha descubierto para pasmo del personal que, en la profundidad del bosque de Teille, hay un refugio forestal llamado "del Grial", y que en toda aquella comarca hay pistas que permiten olfatear el pasado griálico de la zona. Nosotros hemos desgastado las suelas de las botas en la galería natural de Lombrives tratando de dar con la pista auténtica del viejo tesoro cátaro.

Casualmente, es durante los siglos de difusión de la doctrina cátara —y también en pleno apogeo templario— cuando comienza a divulgarse por media Europa la interminable historia del Santo Grial. Y no deja de resultar sospechosamente casual que el primer redactor conocido del cuento mítico fuera vecino de Troyes, allá en la templaria Champaña. Nos referimos a Chrétien de Troyes.

La obra de este amanuense quedó incompleta, pero otros añadirán los detalles y mejoras que todos conocemos, no siendo los menores en ello Robert de Boron y Wolfgram von Eschembach, quien hacia el 1210 incorpora algunas precisiones que han entusiasmado a los rastreadores del tesoro cátaro.

En efecto, este escritor, en su obra *Parzival*, asegura que el ansiado Grial reposa en un castillo llamado *Muntsalvache* y que los fieles defensores del mismo son unos caballeros templarios. Además, y no sabemos si es presunción por su parte o ataque de sinceridad de los mejores que conocemos, afirma que su versión es la auténtica frente a las anteriores. Revela que un tal Kyot de Provenza es su confidente y que a éste le había soplado toda la historia un judío descendiente de Salomón llamado Flegetanis.

Entre todas estas confidencias hay algunas verdaderamente sabrosas. En primer lugar, y ahora vamos a jugar a dar crédito a Eschembach, vemos que los caballeros templarios están mezclados en el asunto griálico de un modo explícito; en segundo lugar, el lugar donde se conserva a la fresca el bendito copón o lo que sea es una fortaleza que tiene nombre propio, lo que ya es un avance histórico; y en tercer lugar, todas estas cosas las cuenta alguien de Provenza –donde desembarca María Magadalena– al que a su vez se lo refirió un descendiente de Salomón, o sea, también de pasado davídico.

Los investigadores –que ya dijimos que están para investigar– se aplican en su oficio y creen ver una innegable similitud fonética entre ese *Muntsalvache* del cuento griálico y el Montségur cátaro. Y atan cabos. Además, está el dichoso tesoro que nadie encontró. ¿Será el Grial?

En *Parzival* se cita a los templarios como guardianes y no a los cátaros. No obstante, alguna relación se puede establecer entre ambos, y es que sin que podamos decir que todos los templarios fueron cátaros ni tampoco lo contrario, sí se puede afirmar que muchos cátaros fueron acogidos calurosamente en encomiendas templarias, que abundaban por el Languedoc. Es más, autores como Dom Gérard han escrito que *"la Orden del Temple estuvo en la base de la enseñanza del catarismo y de su propagación tanto entre el pueblo llano como entre los señores occitanos"*.

Finalmente, detengámonos en la sibilina mención de Eschembach a alguien de Provenza –Kyot– y a un judío descendiente de Salomón como depositario de la tradición del Grial. ¿Por qué ha de ser un judío quien cuente una historia a propósito de Jesús si es sabido que el Nazareno no ha gozado nunca de la conformidad del pueblo que se considera hijo de Abraham? No parece tener mucho sentido, salvo que ese judío sea "descendiente de Salomón", ya que entonces tiene algo que ver con Jesús: son parientes procedentes de la misma familia davídica.

¿Utiliza Eschembach una hábil metáfora para hablarnos de la *Sangre Real*? Lamentablemente, no sabemos qué responder a nuestras propias preguntas.

El Grial, la *Sangre Real* o lo que fuera, ya se ve, nos dijo adiós... o hasta pronto. ¿Dónde fue ocultado? Se habla de cuevas, de grietas, de bosques... ¿Pudieron ir muy lejos los cuatro cátaros que salieron de Montségur abrigados por las sombras de la noche?

En las cuevas del Sabarthés se escondieron los cátaros con su tesoro.

Aquella tarde, mientras nos parecía escuchar los gritos de los quemados, recordamos de pronto de dónde veníamos ese mismo día y pensamos que tal vez habíamos hecho, a la inversa, el mismo camino que aquellos cuatro cátaros. Y es que un par de horas antes atrás quedaba Rennes-le-Château, donde hubo un párroco que llamó Betania a su casa y donde la iglesia está dedicada a María Magdalena...

ACTO IV

Buscadores de la verdad

"La religión está en el corazón, no en las rodillas..."

D. JERROLD

No obstante, antes de afrontar la escarpada subida que conduce a la pequeña localidad de Rénnes, y que en cierto modo nos sumerge en una maraña de calles en las que la piedra reina con soltura, y el olor a leña quemada recorre todos y cada uno de sus rincones, es preceptivo detenernos, aunque sólo sea por unas líneas –ésas que componen este capítulo–, en las postrimerías de un siglo XIV que está a punto de cerrarse, y que observa impávido cómo un genio de las artes y las ciencias, un ser excepcional en toda su expresión, está llevando a cabo una de las creaciones pictóricas más bellas de la historia del hombre... y a la vez más cargada de simbolismo. El nombre del artista es Leonardo da Vinci, un curioso impenitente que sabe muy bien qué tiene entre manos.

Leonardo nació en Vinci, cerca de Florencia, en 1452, hijo ilegítimo del notario Ser Piero y de una humilde campesina toscana. Huelga decir que ha sido una de las mentes más prodigiosas que ha conocido la humanidad, en una etapa de la historia en la que el renacimiento de las artes y las ciencias impulsó el desarrollo intelectual de un hombre único y diferente.

Autodidacta en el sentido más amplio de la palabra, fue educado por su padre, pero su talento natural no tardó en despertar, creando maravillosas obras que en mucho se adelantaron a su tiempo. A la edad de 16 años entró a formar parte del taller de Andrea del Verocchio, donde comenzaría de forma descarada a apuntar maneras inusuales. Y es que Da Vinci fue un dotado, pues jamás nadie acumuló tamaño saber enciclopédico que abarcaba las más variadas y dispares disciplinas.

Como no podía ser de otro modo, su interés por el esoterismo y las ciencias herméticas fue más allá de lo imaginado; en definitiva también era conocimiento, quizás más arcano y trascendental que cualquier otro. Es por ello que en muchas de sus obras la carga simbólica es tan enorme, que pocas dudas quedan a la hora de afirmar que Da Vinci manejaba informaciones privilegiadas, en su momento al alcance de muy pocos... y por las que muchos eruditos fueron quemados en la hoguera.

De este modo, cuando el año del descubrimiento de América iniciaba su declive, fue requerido al servicio del duque de Milán Ludovico Sforza. Habría de ser en esta época cuando el ya maduro Leonardo entró en contacto con todo tipo de gentes, algunos de los cuales pertenecían a antiguas sociedades de las que hoy se denominarían herméticas, o "secretas". Fue su momento más dulce; con una creatividad sin límites alcanzó el culmen de su técnica, dejando obras artísticas y arquitectónicas que aún hoy son la admiración de todo el mundo.

"La Última Cena". ¿Quién está sentado/a al lado del Maestro?

Así pues, en el año 1495 Ludovico "el moro", que así era conocido el noble milanés, encargó al maestro llevar a cabo la que sería su obra más universal: "La Última Cena". La ubicación final de esta magistral representación, pintada al fresco, sería el refectorio del monasterio de Santa María Delle Grazie, que el citado señor quería convertir en la capilla privada de la Casa Sforza. Fueron dos años de duro trabajo, en los que los cronistas aseguran que Da Vinci podía pasar horas sin mover el pincel de su mano, meditando, reflexionando sobre cuál sería el siguiente trazo a realizar. *"Leonardo ha escogido el momento en el que Cristo declara que hay un traidor en la compañía. Se nos muestra el efecto de una declaración en doce personas, en doce temperamentos diferentes: un solo destello y doce reflejos. El tema ha sido bien analizado por Goethe. Es claro que en un drama de esta clase, un tipo de drama 'sentado', cuyo tema es inquietud interior, sorpresa, angustia, basta con mostrar las personas de medio cuerpo; bustos, rostros, y manos bastan para manifestar la emoción moral; la mesa con su mantel damasquinado al ocultar casi completamente los miembros inferiores ofreció al ingenioso artista un recurso que éste supo utilizar. La dificultad bajo esas condiciones era conseguir constituir un todo con esas trece figuras sentadas lado a lado; la más grande debilidad de los pintores antiguos era la composición; cada compañero de mesa aparecía aislado de su vecino. Con genial instinto Leonardo dividió sus actores en cuatro grupos, dos en cada lado de Cristo, y unió estos grupos de manera a imprimir al entorno general una cierta continuidad, animada por un único movimiento. El todo es como las ondulaciones sucesivas de una inmensa ola de emociones. La palabra fatal proferida por Cristo sentado en medio de la mesa produce un tumulto que simétricamente rechaza y agita los dos grupos más cercanos y que declina al comunicarse a los dos grupos más lejanos"*.

¿Así de simple? Seguramente no. Las obras de Leonardo son para muchos investigadores precisamente eso: códigos encriptados plenos de simbología en los que nada ha sido colocado al azar; todo posee un sentido, un importante y trascendente significado. Y es que con sólo observar la deteriorada obra nos percataremos, por ejemplo, que la figura que hay a la derecha de Jesús, supuestamente el "discípulo amado oficial", Juan, más parece por el sutil trazo de sus rasgos y la delicadeza que destila la representación de una mujer. ¿María Magdalena? Estamos hablando de la Última Cena, el instante en el que el rabí de Galilea se despide de los suyos. La prostituta bíblica, si realmente fue la "portadora" de la *Sangre Real*, de la herencia genética del crucificado, son muchos los que piensan que en este cuadro Da Vinci pretende mostrarla como el Grial que no aparece por ningún lado; la compañera de un condenado a muerte que lleva en su seno la simiente del linaje sagrado.

Pero no sólo esto. Algunos investigadores han creído ver en la misma la representación de una especie de Zodíaco, en el que al igual que ocurre con los signos zodiacales, que son agrupados de tres en tres dependiendo del elemento al que pertenezcan —agua, fuego, tierra y aire—, los apóstoles se situarían en tal disposición, dejando en el centro la luz que todo lo irradia: el Sol, en este caso, Jesús. En tal supuesto estaríamos ante una obra con una alto contenido, no sólo esotérico y "religioso",

sic no igualmente astrológico, lo que nos daría a entender la amplitud multidisciplinar del gran maestro florentino.

El análisis de esta obra clave dentro del libro de Dan Brown, por lo que de simbólica tiene, con la "esposa" a la derecha del Hijo del Padre, custodia de la simiente del nazareno, daría para mucho más. Pero hay que continuar...

Leonardo da Vinci murió en la localidad francesa de Cloux, el 2 de mayo de 1519, llevándose a la tumba demasiados secretos; esos mismos que en parte quedaron reflejados en algunas de sus magníficas obras...

Fue un buscador como tantos otros, que alcanzó conocimientos vetados al resto de los mortales; no sabemos si por lo que tenían de ignotos o incómodos. El caso es que dio con un misterio que por aquellas mismas fechas estaban persiguiendo otros en latitudes lejanas...

Santo Reino. Año del Señor de 1498

CON ANDAR PAUSADO, EL TRAJE TALAR DEL OBISPO ALONSO iba cargándose lenta pero inexorablemente de las escorias que bajaban por las torrenteras de la calle Valparaíso. No era la primera vez que pisaba esta sacrosanta ciudad, pueril mescolanza de bandidos, asaltadores de caminos que se refugiaban en la cercana sierra Morena, *marranos*, los judíos conversos que se negaban a dejar morir sus ancestrales tradiciones, ocultándose de la mirada fiera de los inquisidores, y los buscadores, aquellos que conocían a la perfección la historia heresiarca que preñaba este pequeño rincón de la Andalucía Oriental.

Aquel hombre de aspecto sobrio, ministro de Dios que había gozado —y aún lo hacía— de los favores del mismísimo monarca, hasta el punto de ser invitado a pasar el resto de sus días en una cómoda y algo viciosa corte, rechazó tan suculentos privilegios, optando por "guarecerse" en aquella ciudad dejada de la mano del Santísimo, comarca de frontera en la que lo más plausible era perder la bolsa... e incluso la propia vida. Pero él estaba seguro de lo que hacía; no en vano se había versado durante años, indagando, intentando atisbar hacia dónde podían haber sido desplazados los objetos más sagrados jamás custodiados; los enseres que permitían al que los encontrara saber algo más de Dios, y de sus hijos... Después de años de esfuerzos, de más fracasos que venturas, se hallaba sobre la pista certera, en Jaén, Santo Reino y última etapa del camino...

Viaje al presente

UNA VEZ MÁS ATRAVESÁBAMOS EL CORAZÓN DE LA CIUDAD ANTIGUA. El frío arreciaba, o más que el frío era la sensación que amplificaba el viento gélido y desapacible, como ya nos sucediera en otras tantas madrugadas del pasado.

Comenzó a llover. Al fondo, la estrecha callejuela permanecía vacía. Únicamente los leves devaneos de una llama que alumbraba la entrada a la taberna auguraban que algo de vida debía de quedar por estos pagos. Era un buen momento para poner las ideas en orden, y compartir los conocimientos.

La leña crujía en el interior de la vieja estufa de latón. Los barriles, con buen vino se sostenían milagrosamente sobre cuatro palos de apariencia más bien frágil. El agua comenzaba a bajar cada vez con más

Los judíos dejaron oculto su legado en estas tierras.

fuerza por la empedrada calleja, como ocurriera esa misma noche hace siglos, en la que un obispo parecía querer huir a su destino.

"Alonso Suárez de la Fuente del Sauce, el obispo insepulto que se enriqueció en una época de penuria económica para la mesa episcopal, construyendo obras cargadas de simbolismo, de criptogramas que conducían a un enigma inconcluso, ganándose el sobrenombre de 'el edificador', el constructor de una tradición ocultista que ansiaba llegar al gran descubrimiento". Así referían los cronistas la

vida y milagros de este personaje, obispo de Jaén a comienzos del siglo XVI, y heredero de una saga de iniciados que al menos, hasta 1893, estuvieron buscando la mesa del Templo de Jerusalén, amén de varios documentos francamente reveladores, en los laberínticos corredores situados bajo el ajedrezado suelo catedralicio. Y es posible que se toparan con algo muy interesante...

Los saqueadores del templo

"SALOMÓN ENVIÓ A DECIR A JIRAM DE TIRO: Tú sabes que David, mi padre, no pudo edificar un templo en honor del nombre de Yahvéh, su Dios, a causa de las guerras en que se vio envuelto hasta que Yahvéh le puso a sus enemigos bajo las plantas de los pies. Pero ahora Yahvéh, mi Dios, me ha concedido paz por todas partes, pues no tengo enemigos ni conflictos. Por ello he decidido edificar un templo al nombre de Yahvéh, mi Dios, conforme a lo que prometió Yahvéh a mi padre David cuando le dijo El hijo tuyo, al que yo pondré en tu lugar sobre tu trono, ése construirá el templo a mi nombre", (1, Reyes 5-25)

En la Biblia está recogido. Hacia el 930 a. de C., el sabio y poderoso rey Salomón mandó edificar un templo para así glorificar el sagrado nombre de Dios. Y fue el propio Yahvéh quien, dada la humildad y prestancia del hijo de David, concedió riquezas infinitas y capacidad para obrar siempre con justicia y sabiduría divina. De este modo el templo, la casa del Todopoderoso en la Tierra, había de ser un enclave en el que la riqueza y el simbolismo brillaran con luz propia. No en vano, en su interior se rendiría culto a la divinidad, y además albergaría en sus majestuosas estancias tres objetos revestidos con el poder de Dios; el mítico Arca de la Alianza, protectora de las Tablas de la Ley, la Menoráh —el candelabro de siete brazos— y la Mesa de los panes.

Los siglos pasaron y Jerusalén, la "ciudad de la paz" —las paradojas son así—, fue saqueada en múltiples ocasiones. Sin embargo no sería hasta el año 70 de nuestra era cuando las legiones de la poderosa Roma, encabezadas por el emperador Tito, entraron en la ciudad antigua y saquearon el templo judío, llevando en su haber las riquezas materiales y espirituales que guardaba con celo la casa de Dios. Cuenta el historiador y cronista Flavio Josefo en su *Guerra de los judíos, VI, XXXII*, que *"fue tan grande el botín que hicieron los romanos, que el oro se vendió en Siria posteriormente sólo a la mitad de lo que valía antes"*. Y continuaba narrando en su obra, en los apartados *VII, XVIII: "Todo lo que las naciones más venturosas habían podido acumular de más precioso, de más maravilloso y de más caro con el paso de los siglos, quedaba reunido aquel día para dar a conocer al*

Fue esta misma vía la que sirvió de acceso a las legiones romanas durante la conquista de la ciudad santa, y de sus tesoros...

mundo hasta qué punto se elevaba la grandeza del imperio. Entre la gran cantidad de botines, lo que destacaban con dorado brillo eran los que habían sido capturados en el templo de Jerusalén, la mesa de oro que pesaba varios talentos y el candelabro de oro...".

Fue una época turbadora. Las constantes invasiones de los bárbaros del norte de Europa acabaron por hacer mella en un ya debilitado Imperio Romano, allá por el año 410 d. de C. Los feroces guerreros del godo Alarico ahogaron sus ansias de lucha con la sangre de los vencidos. Las ordas triunfales traspasaron el umbral de la ciudad del Tíber, elevando con orgullo los pendones y las armas al caminar junto al mítico arco de Tito, en el que siglos atrás los mejores artesanos de la piedra grabaran, como un irónico canto a la inexistencia del poder eterno, los relieves en los que se ensalzaba la victoria y el asedio final de la ciudad santa, y la situación final del fantástico tesoro en el cercano templo de Júpiter Capitolino y en el palacio de los Césares. De nuevo pasaba a manos extrañas, pero el verdadero valor no anidaba en la suntuosidad de sus joyas o del oro. El verdadero valor del mismo residía en lo más profundo del alma de una casta de iniciados, que sabedores de su trascendencia, lo protegieron con su vida. No en vano, la creencia, esa historia secreta que ha rodeado desde siempre al ser humano, afirmaba que su poseedor tendría la llave de acceso al Conocimiento Absoluto...

Tras la pista del oro judío

PESE A TRATARSE DE UN PUNTO EN EL QUE LOS HISTORIADORES no se ponen de acuerdo, las pistas parecen indicar casi con toda certeza que los utensilios sagrados del templo de Yahvéh fueron incorporados en su totalidad al llamado "Tesoro Antiguo" de los visigodos, arrastrándolo en sus arcas cuando éstos se asentaron en el sur de Francia, en el siglo VI, concretamente en la ciudad de Carcasona. Era esta región del Languedoc galo donde se asentaron los clanes de judíos nómadas, en lo que se denominaría como el principado de Septimania, y donde antes de su definitiva expulsión, debieron de ocultar una información desestabilizadora. Más adelante hablaremos de ello...

Retomando el hilo del relato, a partir del instante en que los visigodos, con el tesoro "a cuestas", se instalan en la célebre localidad francesa, las huellas del mismo comienzan a difuminarse. El cronista musulmán Aben Adhari aseguró en uno de sus míticos escritos que dichos utensilios sagrados fueron trasladados a Toledo, *"tesoros y botines innumerables, entre los cuales se encontraban misteriosos amuletos mágicos, de cuya conservación y custodia dependía la suerte del Imperio fundado por Ataúlfo...".*

Ahí es nada. Pero como la historia es cíclica, a comienzos del siglo VIII, los devotos de Mahoma decidieron atravesar el Mediterráneo e iniciar así la conquista de España, empezando, como no podía ser de otra forma, por Andalucía, tierra de paso y de riquezas ilimitadas. De este modo, los caudillos Tarik y Muza, encabezando un poderoso y perfectamente organizado ejército de sarracenos, tomaron la capital del reino visigodo, Toledo, y una vez más, como ya ocurriera siglos atrás, el asedio se convirtió en sinónimo de saqueo. El tesoro se trató de pasar a Oriente, y es precisamente entonces, en el traslado desde la ciudad del Tajo hasta el puerto de embarque en Cádiz donde definitivamente no se volvió a tener noticia del valioso cargamento. Comenzaban así siglos de especulaciones, de investigaciones, y de tramas ocultas...

Casta de iniciados

Aparentemente, si nos atenemos a los datos expuestos y a los documentos consultados, el mítico cargamento habría de estar en algún lugar perdido en el corazón y el sur de la Península, o, quién sabe si en el palacio de algún jeque musulmán. Empero, determinados investigadores se muestran reacios a aceptar una explicación que consideran insulsa y con escaso peso.

Para apoyar esta hipótesis de trabajo, se escudan en uno de los sucesos más enigmáticos habidos hasta la fecha, un hecho paralelamente muy relacionado con esta historia, como veremos más adelante.

Siendo conscientes del peligro que se avecinaba sobre un imperio que comenzaba a tambalearse con fuerza, los visigodos optaron por construir una poderosa fortaleza en la antigua ciudad de Rhedae, en el condado de Razés, donde fueron transportados todos los elementos de las bien surtidas arcas. Es decir, que el legado de Salomón jamás se movió de suelo francés.

Obviamente, con el paso del tiempo algún vestigio debiera haberse localizado en la zona para confirmar tan discutida y polémica afirmación. Y esa prueba, ansiada por unos y despreciada por otros, aparentemente llegó... En la segunda mitad del pasado siglo, la pequeña población de Rénnes-le-Château fue la cuna de un complicado entramado en el que se mezclaron conspiraciones, traiciones, sociedades secretas y un misterio tan descomunal, que podría acabar con los férreos pilares de la todopoderosa sociedad occidental. De los flirteos y asombrosos legados de este sacerdote hablaremos más tarde. Sólo decir que a finales del siglo XIX entró en contacto con los miembros de una sociedad hermética situada en Jaén, y que acudió a una importante cita con el objetivo, unos y otros, "de comparar descubrimientos". Más de una prueba ha quedado... a la vista.

Mientras esto sucedía, en dos extremos opuestos del viejo continente, separados por la distancia y por la definición del mensaje, se

A lo lejos se recorta la silueta de Rénnes-le-Château, un lugar al que nos acercaremos en el próximo capítulo. Merece la pena...

producían dos de los sucesos más trascendentales de la historia del siglo XX. En la localidad portuguesa de Fátima la Virgen se aparecía a tres pastorcillos, y en la Rusia de los zares, el comunismo tomaba las calles,

MARIANO FERNÁNDEZ URRESTI Y LORENZO FERNÁNDEZ BUENO

dando paso a la esperanzada revolución interior de millones de personas de todo el planeta...

La enorme puerta de la Catedral chirrió al desplazarse con suavidad, dejando ver un interior gobernado por las sombras. Entramos. La fina y refrescante lluvia comenzaba a ser molesta. El ajedrezado suelo catedralicio reflectaba los delicados hilos de luz que comenzaban a colarse por los ventanales situados en la cúpula, donde se cruzaban las dos naves. Ya estaba amaneciendo. Caminamos inseguros. En el interior no había nadie, y la capilla del Santo Rostro se intuía al fondo. La reja, cerrada a cal y canto, no permitía ir más allá. *"No importa. Ahí está"*. La voluminosa cajonera pasaba inadvertida ante la pompa y el boato con el que había sido ornamentada la estancia. Sin embargo, a la izquierda, oculta en la penumbra se perfilaba la silueta de la que a la postre sería la última morada de Alonso Suárez de la Fuente del Sauce, el obispo que continuaría la búsqueda en el ya lejano año de 1500. Un personaje rodeado de incógnitas...

El testamento de don Alonso

ALONSO SUÁREZ DE LA FUENTE DEL SAUCE, obispo de Mondoñedo, Lugo y Jaén, inquisidor general y presidente del Consejo de Castilla por obra y gracia de su majestad la Reina Isabel la Católica. Con tales credenciales sobraban las palabras.

Nació a mediados del siglo XV en la pequeña aldea abulense de Fuente del Sauce, de donde tomaría los ilustres apellidos. Hijo de Pedro Sanz Suárez y de Catalina Suárez, su juventud no fue dichosa en bienaventuranzas ni derroches. Su familia provenía de la nobleza, que por muy rancia que ésta fuere, hacía generaciones que no levantaba cabeza. Con el paso de las décadas, y tal y como refleja la *Historia de la Diócesis de Jaén y sus Obispos*, *"hizo tal estima de su pueblo natal que al ser nombrado obispo de Mondoñedo —20 de marzo de 1493— tomó como motivo heráldico de su escudo de armas una fuente, y en el centro de ella un sauce llo-*

rón, cuyas ramas se inclinan nostálgicamente hacia la tierra, con un deje de tristeza y pesadumbre". ¿Así de simple? No. La lectura del mismo la hemos de orientar hacia el riquísimo tratado que según algunos investigadores tenemos ante nuestros ojos; la fontana y el árbol de la Ciencia en el interior del hexágono, símbolo inequívoco de Salomón.

En los verdes montes, ricos en tradiciones esotéricas de la Galicia profunda, el joven obispo entró en contacto con la cultura ocultista de la región, y se adentró en los entresijos de la vida y milagros de un inmediato antecesor en la diócesis lucense: el obispo Rosendo, que allá por el siglo X, en palabras del escritor Juan García Atienza, *"poseyó las características mágicas del constructor iniciado"*, realizando obras faraónicas en un tiempo en el que la mesa episcopal pasaba por momentos de penuria. La incansable labor constructora, acompañada de un altruismo sin precedentes, forjó una enigmática leyenda entorno a su persona que perduró hasta el final de sus días. Pues bien, las similitudes entre

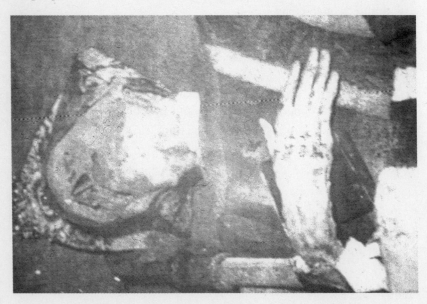

Así permanecía enterrado don Alonso, como un hereje en el interior de una enorme cajonera, olvidado por la Iglesia...

el obispado de uno y otro, con el paso de los años, acabaron siendo inexplicables. Don Alonso fue destinado a Málaga en 1499, pero allí no llegaría a tomar posesión de sus poderes. La sede de Jaén quedó vacante, e inexplicablemente, en el año 1500 arribó a su nuevo emplazamiento en el que permanecería de por vida. En esas fechas Jaén era una ciudad de frontera, sin identidad, salvaguarda involuntaria de una agresiva miscelanea en la que convivían judíos, árabes y cristianos, con maleantes y asaltadores de caminos. Nadie quería ir allí, y mucho menos aquellos que dada su condición social y su indiscutible relación con la corte, podían gozar del favor de los reyes para acceder a otro emplazamiento de mejor calaña. Sin embargo don Alonso pareció acoger la noticia con agrado. La tarea a realizar en un lugar en el que el pecado deambulaba descaradamente por cada rincón de la ciudad era ardua, casi tanto como la reconstrucción del templo catedralicio, que se encontraba en un estado deplorable desde que las obras iniciadas por el obispo Nicolás de Biedma dos siglos atrás se vieron truncadas repentinamente. Los "cronistas apócrifos" aseguran que don Nicolás inició la construcción de un descomunal "libro de piedra", que contendría los misterios de la creación para aquellos que lograran descifrar el encriptado mensaje. Durante décadas el ruinoso templo fue un punto de peregrinación para miles de personas que supieron interpretar parte de su simbología. Obviamente, si tales secretos existieron, acabarían por resultar molestos para alguien. Y ese alguien fue Luis de Osorio, prelado que cabalgó triunfal junto a los Reyes Católicos en la toma de Granada, quien ordenó en la segunda mitad del siglo XIV demoler la edificación.

Don Alonso encontró la triste y devastada piedra vestida de ruina, y sabedor de la tradición oculta que encerraban aquellos viejos muros, retomó las labores de edificación para levantar definitivamente su testamento iniciático; la catedral gótica de Jaén. Lamentablemente, al igual que ocurriera con otros antecesores, la obra no llegó a ser culminada. Paralelamente a dicha construcción, el obispo pareció seguir el principio de los que buscaron, y supuestamente hallaron parte de los tesoros salomónicos, dándose a una intensa actividad fundadora que como conclusión denotaba una posesión ilimitada de riquezas, y que le valió para ganarse el sobrenombre de "el edificador". Palacios, templos, puentes, fortalezas... Nada parecía resistirse a la bolsa benefactora de don Alonso, que como único requisito –no exento de misterio– mandó labrar sus armas, un escudo, como ya comentáramos anteriormente, un tanto extraño...

Sin embargo, son pocas las dudas que quedan a la hora de interpretar que conocía a la perfección la leyenda que merodeaba por los rincones de la vieja ciudad, en la que se establecía una relación intensa entre la tradición de la Mesa en Jaén, documentos extraños, y el tesoro de los godos. Siglos más tarde, el tiempo, haciendo gala de una justicia divina en nada similar a la humana, pareció querer colocar a don Alonso en su justo lugar, otorgándole parte de razón al ser descubierto el magnífico tesoro de Torredonjimeno, a pocos kilómetros de la capital del Santo Reino.

El conocimiento de dicha tradición posiblemente le fue concedido por los judíos cabalistas del antiguo barrio generador de la localidad, los Chaprut, dueños y señores del "raudal de la Magdalena". Consciente del valioso legado que le fue entregado, supo como agradecer tal deferencia a sus benefactores sembrando en sus obras las pistas del misterio salomónico. Y en la más grandiosa de todas ellas, la Santa Iglesia Catedral, elevó su mensaje de símbolos a la categoría de testamento. De la construcción gótica hoy únicamente resta el muro-cabecera, que constituye, para el mayor conocedor de sus secretos, el escritor Juan Eslava Galán, un código cifrado que no usa letras sino símbolos. Treinta y cinco metros de largo por unos ocho de altura, en los que el nudo de Salomón, el Bafomet o ídolo templario de la sabiduría, y diversos signos o enigmáticas marcas de cantería surgen a diestro y siniestro, es la superficie que hoy por hoy, junto con el claustro de Guierero, reafirma su secular secreto...

La búsqueda de la Mesa de Salomón parece detenerse a finales del pasado siglo, coincidiendo con la posible visita del párroco de Rénnes-le-Château. Hay quien afirma que pasó varias noches en la taberna del Gorrión, a pocos metros de la Catedral... Poco después hablaremos de él.

Dentro de esta historia de tramas y sociedades secretas, no podían faltar las logias de iniciados, compuestas por miembros del clero y de la nobleza local. Retomando el hilo de la narración, la segunda mitad del XIX unificó a un colectivo de personas, pertenecientes a las esferas del poder, para llevar a cabo tan elevado fin. Al frente de la misma, el canónigo Muñoz Garnica, misterioso y taciturno, y al igual que sus antecesores, poseedor de la noche a la mañana de una fortuna tal, que contaban sus contemporáneos que las rentas de sus fundaciones "crecían como por ensalmo". Es un elemento común; aquellos que se lanzan a la búsqueda de estas reliquias, gozan de riquezas ilimitadas de origen incierto. ¿Alguien busca su silencio?

Lápida del obispo Alonso, enterrado tres siglos y medio más tarde.

La intensa actividad desarrollada, así como los diversos viajes a Italia y Francia, no pasaron inadvertidos a las huestes de una pequeña localidad provinciana, despertando la curiosidad y el recelo entre sus feligreses. ¿Y todo para qué? Es probable que la respuesta se encuentre en las innumerables horas que Garnica pasó en los laberínticos corredores del archivo diocesano, entre amarillentos manuscritos y polvorientos volúmenes... Ya en el siglo XX, hubo quienes se arriesgaron a continuar con la apasionante aventura, pereciendo en el intento. En el mes de julio de

1968, un prestigioso investigador descubrió el último eslabón de una cadena interminable; se trataba de una larga lista de nombres en los que estaban miembros del clero, la burguesía e incluso la realeza, sobre la rugosa y amarillenta superficie de un centenario papiro. Encabezando el mismo aparecía manuscrita la siguiente frase: "Los que buscaron la cava". ¿Acaso se referían a la cueva situada bajo la Santa Capilla? Junto a los figurantes, como era de esperar, también estaban los nombres de Alonso Suárez de la Fuente del Sauce y el de Muñoz Garnica.

Momento del enterramiento del "obispo hereje" en la catedral.

Días intensos y cargados de emociones. En realidad cada nuevo desplazamiento constituía toda una aventura plena de experiencias antagónicas y emociones, pero éste había sido diferente. No en vano compartimos por espacio de unas horas las mismas sensaciones que debieron tener aquellos decimonónicos investigadores, al saber que se hallaban tras la pista del Conocimiento Absoluto, de objetos tan míticos como sagrados, y en verdad, parecían estar tan cerca...

La mañana amaneció radiante. Las calles eran un hervidero de gentes de toda condición y pelaje. Entre este maremagno de almas, la catedral renacentista, con el muro gótico de don Alonso como único vestigio de su magna creación, se erigía orgullosa, atrayente, como un descomunal imán que llamaba insistentemente la atención. Y como es de imaginar, no pudimos evitarlo, y una vez más sucumbimos a sus encantos. Al penetrar en el interior, el recogimiento y la fe se respiraban con fervor. El obispo de la capital, botafumeiro en ristre, celebraba una ceremonia ciertamente inusual: el Sumo Pontífice concedía a través de su máximo representante en Jaén, el perdón de los pecados. Al fina-

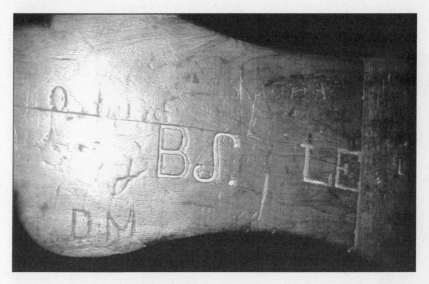

¿Acaso es una firma? Posteriormente veremos que sí, correspondiente a un enigmático sacerdote llamado François Bérenger Saunière.

lizar la conmemoración dirigimos nuestros pasos a la capilla del Santo Rostro. La cajonera continuaba en la misma posición desde hacía casi cuatro siglos. "Irónico destino, cruel realidad". Era una contradicción que el gran mecenas, un ser generoso para con su parroquia y que tanto hizo por la provincia, siguiera insepulto en el interior de un cajón, sin derecho aparente a una justa y digna morada eterna. Es como si alguien, sabedor de los conocimientos de don Alonso, quiso que así fuera. La verdad es que más parecía un castigo... Imbuidos en la atmósfera mágica que se respiraba en el templo, sin embargo, no fue suficiente para que la curiosidad no despertara de un momentáneo ensoñamiento. A la derecha, en uno de los laterales, de esos que pasaban desapercibidos al público, una señora de avanzada edad rezaba con pasión. *"¿A quién venera con tanta desesperación?"*. Con sigilo, intentando pasar inadvertidos, nos acercamos. Era una capilla pequeña, con un cuadro aún más minúsculo en mitad de la pared, iluminado por la luz desvaída de una bombilla en fase terminal. "Vera imago Salvatoris", leímos en la base del mismo. La enig-

En un templo tan cargado de símbolos no puede faltar una Virgen negra...

mática anciana, percatándose de la presencia de dos curiosos "extranjeros", giró la cabeza y murmuró: *"Éste es un santo muy milagroso. Si encendéis una vela os concederá lo que pidáis; pasará unos, dos o cinco años, pero al final se cumple. El sacristán me ha contado cosas de esta imagen que pondrían los pelos de punta"*. La tajante afirmación nos dejó helados. *"¿Y qué santo es"*, nos apresuramos a cuestionar. *"El verdadero salvador del mundo"*. Acto seguido, rodeada de esa aureola de misterio que percibiéramos minutos antes, y como si hubiera desvelado el mayor de los secretos, se marchó. De todas formas la inscripción latina que lucía con un brillo especial en la parte inferior de la pintura lo afirmaba con contundencia: "El verdadero rostro del Salvador".

Un escalofrío infinito volvió a hacer acto de presencia. Si nos atenemos al mensaje que la mesa de Salomón porta a modo de código cifrado en su superficie, la situación se volvía más tensa, pues supuestamente contiene el nombre real de Dios.

Según las tenaces investigadoras jienenses, compañeras en éstas búsquedas, Emy Jiménez Hurtado y María José Martínez Carrasco, "¿Puede ser, que el enigma sobre el rostro de Jesucristo esté en Jaén? Una investigación realizada recientemente parece arrojar que no sería tan descabellado.

Nos encontramos en Jaén, capital del Santo Reino y del Santo Rostro, punto de 'extrañas' coincidencias y peculiares tesoros, donde su hermosa catedral guarda un misterioso cuadro. La pintura presenta un ser de rasgos finos, ojos azules, pelirrojo, con una extraña inscripción: 'VERA IMAGO SALVATORIS, ADREGEMABGARUMMISSA', –'este es el verdadero rostro del Salvador, enviado por Abgaro'–.

Pero, ¿quién fue Abgaro? Abgaro fue rey de Edesa, coetáneo de Jesús, con el que mantuvo correspondencia durante la Pascua judía en la que el nazareno fue apresado y crucificado. Nunca llegaron a verse en persona, pero las cartas que se enviaron en este tiempo quedan reflejadas tanto en los evangelios llamados apócrifos, como en la sección pública de la biblioteca del Vaticano.

Probablemente, el sentido divino que aparecen en estas cartas fuera modificado durante el Concilio de Nicea, donde se institucionaliza el cristianismo y se instauran como 'milagros' muchos actos realizados por el Rabí de Galilea, y por ello, no haya llegado hasta nosotros el texto real de la correspondencia.

Según éstos, Abgaro, fue el primer custodio de la Sábana Santa; al morir Jesús, pidió que se la llevaran pues conocía los actos milagrosos relacionados con éste y, parece ser que al tocarla, quedó curado de los males que padecía. Ello le hizo convertirse al cristianismo, y ordenó hacer un retrato del Nazareno.

Tanto éste, como el sudario, a lo largo de la historia, fue guardado celosamente hasta llegar a los templarios, y a su reaparición de nuevo en Francia. La historia de los guardianes del Temple es sabida por todos, y tras años de su desaparición la Síndone se expuso en Turín.

En la catedral de Jaén hallamos pistas que nos afianzan más en la teoría de que sí existió relación entre Jesús y Abgaro. La catedral expone un cuadro en el que claramente se observa un hombre, ataviado como un rey, de raza negra —Abgaro era conocido como 'el negro'—, que ayuda a una mujer a llegar a un trono. ¿Puede ser que Abgaro conociera la relación entre Jesús y María Magdalena, y que tras la muerte de

El verdadero rostro de un salvador que pudo estar "emparentado" con María Magdalena, la portadora del Grial.

Cristo, ayudara a la de Betania a salir de Palestina con la *Sangre Real* para que se mantuviera su descendencia? ¿Podría ser que ese cuadro guardara en su seno un gran simbolismo?

El verdadero rostro del Salvador, o 'El Salvador', como es conocido, ¿podría ser el 'ídolo' pelirrojo que adoraban los templarios y que fue uno de los numerosos cargos que se les imputaron para provocar su disolución? ¿Podría ser que rezaran al verdadero Jesús? ¿Qué relación hay entonces entre este cuadro enviado a Abgaro y la imagen del Santo Rostro que se venera a sólo unos pasos de él en la misma catedral?".

Recapitulando, lo cierto es que aquellos que al parecer hallaron un tesoro espiritual más que económico que los hizo inmensamente ricos, parecían ser conocedores de un tesoro capaz de provocar miedo, y el más cerval de los rechazos por parte de los estamentos eclesiásticos, que con saña y sin pudor atacaron ferozmente a aquellos que iniciaron la búsqueda. No obstante, sin lugar a dudas, el mayor de todos los buscadores, que además vio como sus objetivos se cumplían uno tras otro, ya había visitado esta tierra, quizás a la caza de más conocimiento. Su nombre era François Berénger Saunière, prelado de la pequeña alquería de Rénnes-le-Château, un lugar en el que a finales del siglo XIX ocurrió algo que ha cambiado el curso de esa otra historia; una trama que, entre otros a Dan Brown, le ha servido para conocer una verdad injustamente oculta. Porque se crea o no en los datos hasta ahora expuestos en este libro, lo cierto es que aquellos hechos sucedieron... a pesar de todo, y de todos...

Acto V

Genealogías sagradas en Rénnes

"Museo del Louvre, París. 10.46 P. M.
Jacques Saunière, el renombrado conservador, avanzaba tamba-
leándose bajo la bóveda de la Gran Galería del Museo.
Arremetió contra la primera pintura que vio, un Caravaggio.
Agarrando el marco dorado, aquel hombre de setenta y seis años
tiró de la obra hasta que la arrancó de la pared y se desplomó,
cayendo boca arriba con el lienzo encima"

DAN BROWN, *El Código da Vinci*

DE ESTA MANERA DA COMIENZO *EL CÓDIGO DA VINCI*; con el terrible asesinato del conservador del Louvre, Jacques Saunière. Mucho tienen que ver los cuadros que se hallan custodiados en este templo de la cultura en la resolución final de la polémica historia. No obstante, a fin de no destripar al lector no versado la citada obra, le diremos que ya desde el principio, el autor recurre a sucesos reales para caracterizar personajes, y para dar consistencia al volumen final. Y es que el tal Saunière existió, pero no era conservador del citado museo; se trataba de un sacerdote que a finales del siglo XIX halló unos misteriosos manuscritos en el interior de dos pilares visigóticos, situados bajo el altar mayor de su iglesia, consagrada ni más ni menos que a María Magdalena. El contenido de los mismos podía ser trascendental −y trascendente−, en base a los hechos que se habrían de desencadenar posteriormente. Y es que Saunière −el cura− también viajó a París, y estuvo en el Louvre con el conservador del mismo, e incluso adquirió tres ediciones en facsímil de sendos cuadros... que podrían contener algún mensaje encriptado.

Además, al igual que en nuestra narración hay unos extraños manuscritos de los que posteriormente hablaremos, en el texto de Brown, *"Según la tradición, la hermandad había creado un mapa de piedra −un clef de voûte o clave de bóveda−, una tablilla en la que estaba grabado el lugar donde reposaba el mayor secreto de la Orden... una información tan trascendental que su custodia justificaba por sí misma la existencia de aquella organización (...) Los cuatro le habían contado a Silas exactamente lo mismo, que la piedra estaba ingeniosamente oculta en un lugar concreto de una de las antiguas iglesias parisinas: la de Saint-Sulpice"*, la misma en la que nuestro prelado estudiara de joven, y donde acudió con los misteriosos manuscritos años más tarde, entrando en contacto con su prior, el padre Bieil, y con su sobrino, Emile Hoffet, miembro de algunas sociedades herméticas del París del momento... Un solo apunte: en dichos manuscritos, tras ser "desencriptados", una de las palabras que más se repetían era "Sion".

Extrañas genealogías sagradas, ataques de la Iglesia, obras de arte cargadas de simbolismo, tumbas en las que yacen los cuerpos de ilustres personajes, y una extraña sociedad llamada Priorato de Sion, son parte de una historia que seguro les suena. Pero no, no se trata del célebre *Código*; es la realidad pura y dura, protagonizada por el abad François Bérenger Saunière. Esa misma que en ocasiones, con creces supera a la ficción. Así ocurrió todo...

El padre Bérenger, artífice y protagonista de una historia sin igual...

Un humilde cura rural

LA ESTAMPA QUE SE ABRE A OJOS DEL VIAJERO que se acerca a estos lares es majestuosa. Elevado allá en lo alto, casi rasgando el blanco velo de las nubes, se halla Rénnes-le-Château, situada al antojo de la rosa de los vientos y mirando descarada las moles de piedra que se yerguen no muy lejos. Es una aldea prepirenaíca, extrema de estaciones y de historia, que es mucha la que riega sus campos, teñida de lágrimas y sangre.

A pocos kilómetros de aquí, junto a este bastión que muchas glorias tuvo en el pasado, nació nuestro protagonista, el 11 de abril de 1852. Natural de Montazels, el joven Saunière pronto supo que la vasta extensión de terreno que culminaba en la alta montaña había visto pasar poderosos ejércitos, gentes llegadas de lejos que sembraron de tesoros los rincones de esta tierra, dejando a su paso fortalezas vestidas de ruina, leyendas con algún viso de verdad, supersticiones a mansalva y parte de una historia herética que se resistía a desaparecer. La vocación sacerdotal le vino desde niño; él mismo afirmaba que nació con la conciencia de dios en su interior. Ello le facilitó un rápido y certero acceso a la cultura, a los libros que contenían los secretos de la tradición hermética, y pronto, supo que su vida estaba orientada hacia una búsqueda claramente determinada...

Siendo el mayor de siete hermanos, hubo de hacerse cargo de las necesidades de una familia modesta que ganaba para comer, y poco más. A los 20 años ingresó por fin en el seminario, culminando un sueño que venía arrastrando toda su corta existencia: abrazar la fe en Cristo, ¿y en "su Iglesia"? Eso era harina de otro costal...

Finalmente fue ordenado, en el año 1879, en el monasterio parisino de Saint-Sulpice, donde entablaría una profunda amistad con el padre Bieil, a la sazón uno de sus mentores, y conocedor de las aspiraciones de Saunière. No en vano el sacerdote pronto vio que el carisma y la curiosidad desmedida de su pupilo le podían hacer llegar muy lejos, alcanzando las cúpulas eclesiásticas con suma celeridad. No obstante, esa escalada se vio mermada por un carácter recio y sin tapujos. Después de pasar por la vicaría de Alet, de ejercer su ministerio en la pequeña alquería de Le Clat, y de permanecer tres años en el seminario de Narbona, donde dio clases a los futuros sacerdotes, en 1885 fue "desterrado" a la pequeña aldea de Rénnes. Y es que no se puede denominar de otra manera; al menos cualquier otro lo hubiera tomado así, pero no Saunière, que por fin veía cómo sus planes iban cobrando forma...

Arribó a un pueblo al que se ascendía por un tortuoso carril, y en el que apenas quedaban cien almas; almas que por cierto no tenían templo en el que guarecerse, ni tan siquiera de la lluvia, pues el edificio consagrado a la Magdalena estaba que se caía a pedazos. Ello no fue óbice para que aquel "iniciado" llegara con un fardo cargado de ilusiones, y vacío de dineros.

Entrada a la misteriosa población, un lugar que se ha convertido en templo de heterodoxos. Y es que motivos no faltan para ello...

El histórico enclave había sucumbido inmisericorde al paso de los siglos. De aquella imponente ciudad que coronara el condado de Razés, en la que más de treinta mil personas convivían en paz, al menos cuando unos y otros les dejaban tranquilos, ya no quedaba nada. Aereda, pues tal era su nombre, había pasado a mejor vida, especialmente después de que la aragonesa casa de Trastamara decidiera realizar una sangrienta visita a aquellas tierras. Transcurría la segunda mitad del siglo XIV, y el declive daba comienzo. En aquellas piedras quedaban marcadas las huellas de las huestes de Ataúlfo, las estrategias de los templarios de Blanchefort, los sueños de los cátaros del Languedoc, las riquezas de los ávaros y las conjuras de los herederos de los sicambros... Y en conjunto, los secretos de unos y otros.

Pero eso era lo de menos. Un primer vistazo a su nueva residencia le conminó a alquilar una habitación en la casa de Alexandrine Marró, vecina de la localidad. En la obra de Gérard de Sède, *El oro de Rénnes*, el autor especifica con lujo de detalles la realidad económica del cura de Rénnes, advirtiendo que pese a que a finales del XIX el Estado retribuía a los sacerdotes con un sueldo mensual, a Saunière le fue retirado tras ser fichado como "militante reaccionario" al protagonizar un desairado sermón preelectoral. Sumido en la pobreza más áspera, éste –según cita textualmente De Sède– reflejaba en un libro de cuentas lo siguiente: "Cantidades que debo a Alexandrine Marro. –Año 1890, julio-agosto: comida y pan, 25 francos. En total, en dieciséis meses, 90 francos de gastos y 2 de ingresos. Fondos secretos: 80,25 francos".

¿Fondos secretos? Las incógnitas empezaban a salir a la luz...

Para alguien tan inquieto, tan lleno de vida y ávido de conocimiento, aquel pequeño mundo se le empezaba a venir encima. Pese a saciar sus ansias de saber aprendiendo idiomas inverosímiles, los meses pasaban y la condena que sobre él pesaba por parte del Gobierno, que en cierto modo le había marcado de cara a los estamentos políticos y a sus superiores eclesiales, empezaba a pasarle factura. No disponía de posibles, y malvivía en una casa que se agrietaba un poco más cada jornada, impartiendo la palabra de Dios en una Iglesia cuya cúpula cada vez se parecía más a la bóveda celeste, y en la que las alimañas y otros bichejos campaban a sus anchas entre los bancos carcomidos y las tallas destrozadas.

Así no podía continuar; tras cambiar su residencia a una vieja casa solariega de piedra, que algo más sólida que la anterior sí se mostraba, inició las trazas de una estrategia que le acabaría convirtiendo en uno de los hombres más "poderosos" e influyentes del viejo continente. Todo ello merced a un asombroso hallazgo...

Manuscritos bajo el altar

DISPUESTO A AFRONTAR LOS CAMBIOS QUE SE AVECINABAN, optó por emprender la restauración de su iglesia. Aquello no podía continuar en tal estado de abandono, y pese a que las relaciones con el ayuntamiento de la localidad no eran plenamente venturosas, a los mandatarios de Rénnes no les pareció mal del todo la iniciativa del sacerdote, pues en definitiva éste no estaba haciendo otra cosa que velar por el patrimonio espiritual del pueblo.

Bajo el altar la losa fue levantada con sumo cuidado. Bajo ésta había grabados varios soldados a caballo, con un niño y un cetro...

Puesto que los tiempos empezaban a tornarse más bien moviditos, y a pesar de no disponer de rentas suficientes, decidió coger como sirviente a una joven que por aquellas fechas no cumplía la veintena. Su nombre era Marie Denarnaud, la misma que con el paso de los años se acabaría convirtiendo en la amiga fiel, en definitiva, en la "confidente del confesor", única que conocía hasta el último secreto del prelado.

Así pues, en el año 1891, con 600 francos que el padre Pons, antiguo cura de Rénnes, y 1.400 que en crédito prestó el consistorio al abad, éste se puso manos a la obra. Había mucho que hacer... Los acontecimientos estaban a punto de precipitarse hasta límites inciertos.

La noche había caído y en el interior del templo una luz tenue procedente de un candil de aceite iluminaba a los presentes. Saunière observaba con detenimiento todos y cada uno de los movimientos de los dos albañiles. No en vano, la operación que estaban llevando a cabo era de suma importancia: levantar la losa que hacía las veces de altar mayor. El estado del mismo no invitaba a demasiados devaneos.

En la imagen la "losa de los caballeros", datada en época merovingia, y de suma importancia en toda esta trama como el lector verá...

Al dejar con extremo cuidado la misma en la fría superficie, la sorpresa afloró al rostro de los dos trabajadores. *"Silencio. Nadie debe de saber nada"*, puntualizó el sacerdote, incapaz de controlar los nervios. Bajo la pesada plataforma pétrea varias hojas de helecho cayeron al suelo. ¡Los dos pilares que sostenían la misma estaba huecos! Y no sólo eso: en su interior se atisbaba algo similar a unos cartuchos recubiertos por una especie de piel desgastada y maloliente.

El viento golpeó con fuerza las vidrieras del templo; la noche, fría y siniestra, no invitaba a pasear por las cercanías, menos aún por el cementerio aledaño. Aquella madrugada algo importante estaba ocurriendo en el interior de la iglesia de Rénnes, y Berénger Saunière era plenamente consciente de ello. Al remover las escorias, no sin cierta violencia, consiguieron substraer los dos recipientes. En su interior, ajenos al paso del tiempo, había varios pergaminos amarillentos, recubiertos de moho y con unos textos que aparentemente, a simple vista, no poseían demasiada coherencia.

Aseguran Michael Baigent, Richard Leigh y Henry Lincoln en su obra *El enigma sagrado*, que *"se dice que dos de los pergaminos eran genealogías, datando una de 1244 y la otra de 1644. Al parecer, los otros dos documentos los había redactado en el decenio de 1780 uno de los predecesores de Saunière, el abate Antoine Bigou, y parecían ser textos piadosos en latín, extractos del Nuevo Testamento"*.

En el interior de los pilares fueron hallados los pergaminos.

Sea como fuere, ante el tremendo revuelo que pronto se formó en la villa, y en una clara maniobra de despiste, el sacerdote optó por quitar importancia a los citados pergaminos, aludiendo que poco o ningún valor tenían los mismos; en todo caso era posible que un anticuario despistado amante de las piezas raras quisiera disponer de ellos, para lo que proponía viajar a París. Y así, con los pedazos de piel muerta plagados de escritura a sus espaldas, marchó a Carcasona, para informar al obispo monseñor Billard. Las dotes persuasivas del prelado fueron suficientes para que al cabo de unas horas, y tras exponer la situación a su superior, finalmente aceptara su proposición, y no sólo eso: debía de acudir al consejo de un sabio ducho en estos menesteres: el padre Bieil, abad del monasterio de Saint-Sulpice...

Al amanecer Saunière marchó hacia la ciudad de la luz, portando a sus espaldas un fardo cuidadosamente protegido, en cuyo interior viajaban cuatro pergaminos...

Allí le recibió con euforia el citado Bieil, que dejando a un lado los prolegómenos, inmediatamente requirió ver los enigmáticos manuscritos. Fue en esos instantes cuando la tez del anciano se tornó más pálida si cabe; algo vio que hizo que durante unos segundos perdiera su talante flemático, dejándose llevar por una más que sospechosa emoción.

document VIII

En folios sueltos el cura iba anotando sus descubrimientos.

Durante una semana, quizás algo más tiempo, los documentos permanecieron en poder del sacerdote, y el abad de Rénnes, de la mano del sobrino del primero, Emile Hoffet, se dedicó a descubrir un París muy diferente... El muchacho, formado en Lorena, en la Escuela Seminario de Sion, *La colline inspirée*, estaba muy relacionado con la generación de artistas del momento; pintores, divas de la ópera, escritores y esoteristas componían su círculo de amistades, gentes de la cultura de los más diversos estratos sociales, que sin dudarlo dos veces acogieron con los brazos abiertos a un humilde cura rural, responsable de un pueblo tan pequeño que pocos sabían de su existencia. ¿Qué vieron estos colectivos tan inaccesibles, en su mayoría pertenecientes a sociedades secretas y herméticas, en esta persona para acogerle como a uno más? ¿Acaso sabían ya del contenido de los misteriosos manuscritos? Poco conocemos de este episodio de la vida del prelado, salvo que no sería la última vez que se viera con éstos y con otros personajes de mayor envergadura social...

En compañía de Hoffet, Saunière se movía por París como pez en el agua. Aquella ciudad era una fuente de conocimiento inagotable, especialmente para aquéllos ávidos de saber. Por ello, o quién sabe por qué incógnito motivo, acudió al templo del arte de la vieja Europa, por aquel entonces la mayor pinacoteca del mundo: el museo del Louvre. En el universal edificio, al margen de mantener varias conversaciones con el conservador del mismo, adquirió varias copias de cuadros que aparentemente no tenían conexión alguna entre sí. Eran un retrato del pontífice Celestino V; "San Antonio el Ermitaño", de David Teniers; y por último, "Los Pastores de la Arcadia", de Nicolas Poussin. Éste último a la postre tendría un especial significado, pues representaba a tres pastores contemplando un enorme tanque de granito, en cuya superficie se leía la inscripción *Et in Arcadia ego...* —"Y en Arcadia yo..." —, en una escena que se desenvolvía en un paraje muy familiar para el cura de Rénnes...

Empero, ¿por qué adquirió aquellos facsímil? ¿Qué secreto aparente escondían los mismos? Paciencia, que ya llegamos...

Lo que es evidente es que la primera visita del padre François a París fue positiva en todos los sentidos. Y es que son muchos los que afirman que por esas fechas conoció a la diva de la ópera Emma Calvé, que a su vez era miembro de pleno derecho de la "Sociedad Independiente de Estudios Esotéricos", fundada por el ocultista Papus, con la que pudo mantener algún que otro escarceo amoroso. Incluso es más que probable que la citada musa le visitara en su casa de Rénnes-le-Château. Los paisanos, años atrás, colocaron un cartel muy cerca del paraje en el que se solían citar, donde se indica la dirección "A la fuente de los amantes".

Lejos quedó París; había llegado el momento del regreso. Allí permanecieron los manuscritos, pues no hay constancia de que se los devolvieran; al menos no todos... De hecho tiempo después el propio

Emma Calvé era toda una celebridad en la época, afín a cultos herméticos, que inexplicablemente quedó prendada de Saunière.

monseñor Billard acudió al hogar de Bieil para recriminarle por el contenido de los mismos, pero nada de nada...

Antes de arribar a Rénnes, realizó una nueva parada en Carcasona, donde el citado obispo no mostró reparo alguno a la hora de concederle 2.000 francos para saldar la deuda que el díscolo sacerdote había contraído con el ayuntamiento, y sin más, partió de camino a su "centro de operaciones...".

Ya de nuevo en el pueblo continuó con las obras de rehabilitación de la iglesia, no sin antes devolver la cantidad devengada, que si el lector recuerda, correspondía a 1.200 francos. A la pregunta del mandatario acerca de los pergaminos, el padre Saunière contestó: *"La venta por los mismos ha sido bastante beneficiosa para nosotros..."*. Ahí es nada.

Ahora sí disponía de rentas para ello, y las sorpresas no tardaron en surgir... Al remover la inmensa losa que recubría la superficie sobre la que se alzaban los dos pilares, en la otra cara de ésta aparecían representados dos caballeros. La "losa de los caballeros", como fue rápidamente bautizada, fue datada a primera vista en época templaria. No en vano el grabado que poseía recordaba muy mucho al sello más conocido de la orden, haciendo clara alusión al voto de pobreza contraído por los monjes guerreros. Además tal extremo no resultaba extraño si nos atenemos a que estas mismas tierras pertenecieron al sexto Gran Maestre de la Orden de los Caballeros Pobres del Templo de Jerusalén, Bertrand de Blanchefort, cuyo castillo se alzaba en lontananza. Dataciones posteriores arrojaron resultados más contundentes, remontando la fecha varios siglos atrás, a comienzos de la dinastía carolingia, e incluso al siglo VI después de Cristo, en pleno dominio del linaje merovingio, que tanto tiene que ver con toda esta trama, tal y como hemos visto; y como confirmaremos poco más adelante. Uno de los soldados portaba en una mano la delicada figura de un niño, y en la otra un cetro. ¿Quién era aquel infante...? Además, unos metros más abajo apareció un caldero con varias riquezas –monedas de oro, joyas... perteneciente casi con total seguridad a un enterramiento de los *avaros*, el pueblo de origen turco que penetró en Europa a mediados del siglo VI– y restos óseos de al menos dos cadáveres...

El oro de Rénnes

NO TARDARON DEMASIADO SUS SUPERIORES, especialmente el obispo Felix-Arsene Billard, en tomar en cuenta la extraña conducta y la vida desenfrenada que su pupilo había comenzado a llevar. Y es que, arropado por un ansia incontrolada por construir a toda costa, pronto se prestó a reparar la miserable carretera, que más que eso era camino de montaña, que culminaba en el pueblo. ¿Acaso esperaba la llegada de alguien importante? Es más que probable... Pero ahí no quedó la cosa; en una época en la que la mesa episcopal estaba ahogada, pendiente en todo momento de las donaciones que los fieles hacían para mantener el buen nombre de la Iglesia, Bérenger empezó a gastar sumas de dinero imposibles, cantidades insólitas para un humilde sacerdote como era él, de una aldea enclavada en los altos de un promontorio. No, sus rentas, que parecía crecer "como por ensalmo" provenían de otras fuentes.

Y precisamente con tales riquezas culminó el conjunto de la iglesia de María Magdalena, que a finales del siglo XIX pasaba con creces los márgenes de dicho templo. Siempre bajo la atenta mirada del abad, los obreros, que pasaron meses encerrados entre aquellas históricas paredes, montando y desmontando al antojo de su patrón, colocando vidrieras, etc, jamás emitieron queja alguna; llevado por una descon-

La noche cae sobre la iglesia de Rénnes. Éstos eran los momentos que aprovechaba Saunière para iniciar la búsqueda...

fianza irracional, junto a la sacristía hizo levantar una estancia a la que se accedía por una puerta secreta camuflada tras un armario. ¿De qué quería esconderse?

Saunière tenía fama de pagar, y de pagar bien, atendiendo a sus asalariados como pocos lo harían. Así, después de colocar el calvario, de finalizar el púlpito o de colocar las estatuas, nuestro protagonista no perdía la oportunidad de participar activamente en la reforma, pintando, como fue el caso, la talla de la Magdalena que aparece decorando el frontal del altar mayor. De toda la extraña simbología que a modo de testamento iniciático dejó el cura en su iglesia hablaremos largo y tendido, pues es clave a la hora de hacernos una idea de los conocimientos que manejaba Saunière, y de lo que intentó transmitir para el que supiera leer...

A finales de 1897, después de no pocas penurias, el templo quedaba restaurado y había llegado el momento de inaugurarlo con todos los honores. Para tal evento acudió a Rénnes-le-Château el obispo de Carcasona, que muy bien no se hubo de tomar aquella extraña mezcla de estilos, estridentes y afeados, salidos de la imaginación del abad, pues a raíz de aquella visita decidió eliminar la pequeña aldea de sus visitas pastorales. Y es que monseñor Billard, conocedor de la teología católica hasta sus más incógnitos rincones, no pudo dejar de torcer el semblante al leer la inscripción que el prelado había situado en la entrada a la iglesia, en el tímpano: la exclamación de Jacob, antepasado del nazareno, en Betel: *Terribilis est locus iste* —"éste es un lugar terrible"—, cuyo significado, como veremos más adelante, no es cuestión baladí. Además, bajo el mismo, se podía atisbar ésta otra inscripción: *Mea domus orationis vocativur* —"Mi casa es llamada casa de oraciones"—. Tal fue la estocada final, pues el obispo, que como ya hemos dicho conocía hasta los extremos las Sagradas Escrituras, no fue capaz de comprender el porqué de aquella cita, menos aún sabiendo que su continuación era "y vosotros habéis hecho de ella una cueva de ladrones". Evidentemente, era para sentirse algo molesto...

Poco o nada parecía importarle al padre François la autoridad de sus superiores, pues continuando con su frenética labor constructora, ordenó la edificación de una majestuosa casa de campo de estilo renacentista a la que llamó "Villa Béthanie", esa misma tierra en la que vivía Lázaro y posiblemente María Magdalena, y en la que estudios arqueológicos recientes han arrojado que allí mismo pudo ser bautizado Jesús,

Asmodeo, con su fiera mirada, nos aguarda a la entrada del templo. Es el guardián de los tesoros allí custodiados.

situada junto al templo. Por si esto fuera poco, adquirió varios terrenos en los alrededores de lo que ya se perfilaba como un conjunto arquitectónico pleno de simbología, y en 1900 inició las obras de la que sería su última residencia, la torre Magdala, una construcción de dos plantas que se asomaba temeraria al barranco que abría paso al valle de Aude. Allí instaló su habitación, un camarín de grandes ventanales y cuyas paredes estaban recubiertas por una espléndida biblioteca. Y no conforme con todas estas iniciativas, finalmente levantó un vasto muro que rodeaba el cementerio, la iglesia, "Villa Béthanie" y la torre Magdala.

Llegados a este punto convendría remarcar que el abad gastaba a manos llenas, y ese dinero, repetimos, procedía de algún lugar. Asegura el ya citado De Sède en su obra *El oro de Rénnes*, que *"cual si dispusiera de recursos inagotables, da libre curso a todos los caprichos de su extravagante ima-*

"Este es un lugar terrible", en el que un sacerdote quiso dejar grabado parte de un conocimiento relacionado con Jesús y su esposa...

ginación. No contento con haberse proporcionado la biblioteca con la que duran-te largo tiempo había soñado hace ir desde Toulouse a un encuadernador, al que instala en su casa, pagando él todos los gastos, durante muchos meses. Adscribe a su servicio, también de modo estable, a un fotógrafo para que tome las vistas de los lugares notables de la comarca. Llega a tener una colección de diez mil tarje-tas postales y otra de cien mil sellos de correos. Colecciona muebles, telas, loza. No le basta ya la compañía de sus dos perros, y crea un parque zoológico que pue-

bla de peces, pavos reales, monos y loros. Alimenta con bizcochos a los patos de su corral. Viviendo, como vive, en la patria del cassoulet, hace venir las habichuelas de Lille. Estas fantasías, tan pueriles como costosas, dejan aún hoy día estupefactos a quienes le conocieron en aquellos días faustos".

Pero no sólo eso; un día y otro también, "Villa Béthanie" estaba llena de gentes llegadas desde lejanos lugares, miembros de la nobleza y de la clase política, pintores y escritores, y un enigmático personaje al que los convecinos llamaban "el forastero", y que no era otro que el archiduque Juan de Habsburgo, primo del todopoderoso emperador de

"Villa Béthanie" fue uno más de los fastuosos proyectos llevados a cabo por un cura sin grandes rentas.

Austria-Hungría. ¿Qué hacían tales personalidades en la casa de Saunière? ¿A qué acudían a Rénnes la pequeña aldea de la que antes de esta trama nadie sabía ni tan siquiera que existía?

Con estos antecedentes, no queda más remedio que pensar que el sacerdote poseía algo, información quizás, que le hacía alguien muy apetitoso para estas clases sociales, que sin dudarlo dos veces se acercaban al pequeño pueblo para compartir con él tiempo, y quién sabe si parte de sus secretos.

Lo que es evidente es que los comportamientos de éste, por extraños que eran, dejaban mucho que desear. En diversas ocasiones, por ejemplo, acompañado siempre de su querida Marie, cuando la noche les libraba de curiosas miradas, y únicamente alumbrados por la tenue luz de unos velones, accedían al cementerio y durante horas dedicaban todos sus esfuerzos a remover algunas tumbas. Se trataba de auténticas profanaciones, llevadas a cabo por un miembro de la Iglesia. ¿Acaso aquello no constituía el peor de los pecados? ¿Qué demonios guardaban las sepulturas de Rénnes, para que el sacerdote se decidiera a abrirlas buscando en su interior? Es difícil responder, pero lo cierto es que se cebó especialmente con una de ellas, perteneciente a la noble *"Marie de Negre Darles dama de Dhauphoul de Blanchefort de sesenta y siete años falle-*

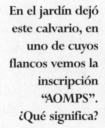

En el jardín dejó este calvario, en uno de cuyos flancos vemos la inscripción "AOMPS". ¿Qué significa?

cida el 17 de enero de 1781 resquiescat in pace". Ésta era descendiente de los señores de Blanchefort, cuyo castillo recortaba el horizonte, y que en tiempos estuvo habitado por los templarios de su antepasado el sexto Gran Maestre de la Orden. En la lápida, al margen de unos curiosa construcción gramatical que aparentemente no posee significado —y de la que más tarde hablaremos—, aparecían las letras *Reddis Regis Cellis Arcis*, que traducidas verticalmente... "Tu restituyes por las cuevas, tú gobiernas por las arcas". ¿Qué significaba aquellos? ¿Acaso una gruta en la que se hallaba un tesoro dinerario, o espiritual? El autor de los grabados, el abad Antoine Bigou, antecesor en el cargo de Bérenger y a la sazón confesor de la citada marquesa, dejó sobre la citada lápida una suerte de letras cuyo significado, a simple vista, no era comprensible. ¿Tanto interés por unos huesos allí enterrados? No. La verdad aún estaba lejos de ser desentrañada...

Finalmente, el sacerdote no sólo desplazó la losa sepulcral argumentando que el cementerio se había quedado pequeño, si no que además, en un intento de borrar cualquier vestigio, destrozó el contenido de ambas, inútilmente, pues éstos ya habían sido copiados años antes por arqueólogos del lugar, publicados en el *Buletin de la Société des études scientifiques de l'Aude*. Tanto esfuerzo, para nada...

¿Qué contienen los manuscritos?

TUVIERON QUE PASAR DÉCADAS PARA QUE EL ENIGMA de Rénnes-le-Château alcanzara unas dimensiones universales, a raíz de la serie que la *BBC*, bajo el título de "El tesoro perdido de Jerusalén", emitió en el año 1972. El encargado de llevar a cabo el majestuoso proyecto fue el productor Henry Lincoln, posteriormente acompañado por el escritor Richard Leigh y el psicólogo Michael Baigent. A ésta primera entrega se unía poco después "El orador, el pintor y el diablo", y una tercera llamada "La sombra de los templarios". Decir que fue un rotundo éxito es quedarse cortos. Los hechos que en ellas se narraban, y cuyo hilo argumental giraba entorno a una pequeña aldea del sur de Francia, fascinaron a propios y extraños.

Fueron años de arduas y apasionantes investigaciones, que finalmente vieron la luz al completo en la obra de cabecera para todos los amantes de estas temáticas, inclusive Dan Brown, en *El enigma sagrado*, un libro revelador que por vez primera ponía sobre la mesa argumentos referentes a la vida del Nazareno, a Rénnes-le-Château, a María Magdalena, a la *Sangre Real*, templarios, cátaros, Priorato de Sion... y a aquellos que durante milenios custodiaron su secreto, con argumentos suficientes como para tenerlos en cuenta.

Además, en dicho trabajo exponían los resultados de las investigaciones llevadas a cabo sobre los controvertidos manuscritos aparecidos en los pilares visigóticos. Después de someterlos a un proceso de desencriptado, por fin comenzaban a salir mensajes coherentes. Decían así: *"En uno de los pergaminos las palabras se juntan unas con otras de forma incoherente, sin espacio entre ellas, y se ha insertado cierto número de letras absolutamente superfluas. Y en el segundo pergamino las líneas aparecen truncadas de modo indiscriminado —desigualmente, a veces en mitad de una palabra—, mientras que ciertas letras se alzan copinscuamente sobre las demás. En realidad estos pergaminos comprenden una secuencia de ingeniosas cifras o códigos. Algunas de ellas son fantásticamente complejas e imprevisibles, indescifrables incluso con un ordenador, si no se pone la clave necesaria. El descifre siguiente aparece en las obras francesas dedicadas a Rénnes-le-Château y en dos de las películas que sobre este tema hicimos para la BBC.*

Bergere pas de tentation que Poussin Teniers gardent la clef pax DCLXXXI par la croix et ce cheval de Dieu j'acheve ce daemon de gardient a midi pómez bleues. (Pastora, ninguna tentación. Que Poussin, Teniers, tienen la llave; PAZ 681. Por la cruz y este caballo de Dios, completo —o destruyo— este demonio del guardián al mediodía. Manzanas azules).

Pero si algunas de las claves son desalentadoras por su complejidad, otras son patentemente, incluso flagrantemente, obvias. En el segundo pergamino, por ejemplo, las letras elevadas, leídas de forma continua, trasmiten un mensaje coherente:

A Dagobert II roi et a Sion est ce tresor et il est la mort. (A Dagoberto II, rey, y a Sion pertenece este tesoro y él está allí muerto)".

Increíble... pero cierto. Ahora sí empezaba a tener significado toda esta historia. Dagoberto II, el último de los reyes merovingios, aquel que según los cronistas apócrifos descendía del linaje sagrado de la Magdalena, emergía de sus cenizas en la presencia de un código encriptado, en unos pergaminos añejos hallados en el interior de la iglesia de Rénnes. ¿Qué quería decir? ¿Que el monarca estaba enterrado allí? ¿Que la dinastía se había perpetuado por estos lares? ¿Que su secreto estaba oculto bajo aquellas chirriantes paredes? ¿Que había un tesoro sepultado en el subsuelo, y cuyo dueño era Sion, la orden fundada en 1099 por Godofredo de Bouillon en Jerusalén, heredero éste a su vez de una rama de los merovingios que sobrevivió a la catástrofe? ¿Que ese tesoro era espiritual, posiblemente representado en unos pergaminos que contenían unas genealogías sagradas, esas mismas que otra orden, el Priorato, tenía constancia y se había hecho garante y protectora de las mismas? Son tantas las incógnitas, que entre ellas se atisban muchas respuestas... Lo cierto es que la revelación del manuscrito era categórica, y hacia alusión a elementos de vital importancia en toda nuestra historia.

Por no hablar de la primera traducción: *"Pastora, ninguna tentación. Que Poussin, Teniers, tienen la llave; PAZ 681. Por la cruz y este caballo de Dios, completo —o destruyo— este demonio del guardián al mediodía. Manzanas azules"*. El lector recordará que Saunière, durante su estancia en París, adquirió varias láminas en el museo del Louvre, una de ellas de David Teniers —"San Antón el ermitaño"—, y otra de Nicolas Poussin —"Los pastores de la Arcadia"—. *"Que Poussin, Teniers, tienen la llave... demonio guardián... manzanas azules..."*. Todo ello, aunque parezca mentira, tiene un profundo significado.

Vayamos primero con Poussin. El pintor reflejó en su obra un paisaje pastoral, con los picos de varias montañas al fondo, y en primer plano varios personajes contemplando una gran tumba, sobre la que aparecía escrita la frase *Et in Arcadia Ego*... El misterio comenzó a cobrar tintes absurdos cuando Gérard de Sède, instigado por un anónimo descubridor, aseguró haber hallado el extraño paraje del cuadro, y lo que aún era más insólito, la enorme sepultura de granito, ¡a pocos kilómetros de Rénnes!

¿Qué secular secreto escondía la obra de arte? ¿Qué había pretendido representar en el mismo el pintor?

No obstante, pocas dudas quedaban al contemplar el cuadro, más aún si lo comparábamos con el paisaje real; la tumba en primer lugar, y a lo lejos, primero el monte Cardou; un poco más atrás el castillo de Blanchefort, y en último plano... la localidad de Rénnes... ¿Acaso Poussin había querido mostrar que en aquella colosal sepultura fue enterrado "alguien muy importante"? ¿María Magdalena o el mismísimo cadáver de Jesús, trasladado allí por los caballeros de la Orden del

Litografía que muestra el cuadro que ya conocemos de Nicolas Poussin, una obra que encierra, al igual que las aparecidas en el libro de Brown, muchos enigmas.

Temple, conocedores del mayor de los secretos, el mismo que se cargaba el dogma de la resurrección de un plumazo, y que nos hablaba de descendientes...? Elucubraciones, de eso no hay duda... pero con ciertas bases. El tanque de granito, de relativa nueva factura, pudo ser un calco de lo que tiempo atrás existió en el paraje boscoso, y que sirvió de inspiración a un Poussin que sabía demasiado. No obstante, para saciar la curiosidad del lector diremos que esta "tumba" fue dinamitada por un desalmado ávido por resolver cuanto antes muchos misterios, y de su interior, salvo aire viciado, nada más salió. Pero algunas respuestas se encontraban en los paisajes recreados, y que se hallaban, como ya hemos advertido, al fondo de la misma.

En la obra *Misterios para compartir* (2002), quedaba patente que *"se ha especulado con que sea un acertijo, un anagrama. Y jugando con la 'homofonía' —palabras diferentes que suenan igual—, se ha dicho de todo:*

Esto es lo que queda de la tumba que pintó Nicolas Posussin en su cuadro "los pastores de la Arcadia". ¿Quién fue enterrado allí?

-Arcadia: Arca Dei o arca de Dios —Arca de la Alianza de la que nada se sabe desde el siglo X d. de C.—.

Claro, que quizás 'arca' se deba interpretar como 'tumba', con lo que estaríamos ante la tumba de Dios (...). Cuando se produjo el arresto de los templarios en 1314 muchos de sus documentos y secretos fueron guardados con antela-

ción. Y uno de esos documentos fue puesto a buen recaudo de algún modo por parte de la familia Blanchefort, y después por los Hautpoul. Y eso sería lo que descubrió el cura de Rénnes. ¿Qué contenía el documento? Pues el emplazamiento secreto de una tumba, que había sido custodiada por los templarios desde Blanchefort y desde el castillo de Arqués, también próximo.

ET IN ARCADIA EGO

Esta inscripción sería un anagrama:

LA TUMBA DE DIOS – EL CUERPO DE DIOS – *LE CORP DE DIEU*

La tendencia en el Languedoc a suprimir artículos y preposiciones dejaría así la frase:

CORPS DIEU

Pero en Languedoc, la letra 'o' suena como 'a', y el diptongo 'eu' suena 'ou':

CARPS DOU – CARDOU

El monte Cardou —que aparecía pintado en el cuadro de Poussin junto a Rénnes y el castillo de Blanchefort— ocultaría una tumba, la tumba de Dios, custodiada por el Temple y cuyo secreto había reflejado en los pergaminos y de la cual también sabían determinadas corrientes vinculadas al Temple y al Priorato de Sion, y que quisieron cederla a la posteridad utilizando claves secretas de geometría.

Bérenger habría descubierto la verdadera tumba de Jesús de Nazaret, y ese secreto no tenía precio, por mucho oro que le diera quién quiera que se lo diera".

Es una posibilidad. Pero aún quedaba por descifrar el significado de *Et in Arcadia ego...* Arcadia era una región de Grecia que la lírica clásica convirtió —a sus habitantes— en un ejemplo de vida "despreocupada y licenciosa"; pero también fue uno de los lugares de origen de la tribu de los sicambros, los primigenios miembros de la familia de los merovingios...

No obstante, ¿qué llevó a Poussin a situar a unos pastores arcadianos en una paisaje galo? La misteriosa frase aparecía, y ello podría resultar revelador, en un lugar ya citado: la tumba de Marie de Negre.

En su obra *The sacred conexión* —"La conexión sagrada"— Henry Lincoln revelaba, en base a las conclusiones obtenidas: *"Según estudios hechos en Londres los documentos encontrados por nuestro sacerdote contenían*

El pintor Nicolas Poussin, en un autorretrato.

unos textos cifrados con una 'doble clave' de sustitución y transposición trabajando como en un tablero de ajedrez, con complicaciones adicionales en forma de errores de diseño intencionados, para dirigir las soluciones de los pergaminos sobre pistas falsas. A estas conclusiones se llegó sin haber logrado descifrar con éxito los textos.

Sin embargo estos estudios contenían una y otra vez una vital y resonante frase, especialmente ahora: 'Poussin tiene la llave'. Éste era el único vínculo encontrado entre el artista y el que Saunière comprara una copia de 'Los pastores de la Arcadia'. Yo había visto fotografías de una tumba en un paisaje pastoral. La localización, según me habían informado, estaba a pocos kilómetros de Rénnes-le-Château, a la derecha de la carretera entre las villas de Serres y de Arqués. Ambos, la tumba y el paisaje parecían, sin lugar a cuestión alguna, ser idénticos a los descritos pictóricamente por Poussin.

Estudiando un punto de inflexión entre Poussin y su pintura encontré otro importante vínculo. Como es bien conocido, los pergaminos de Saunière contienen un mensaje escondido. Eventualmente existe un complicado modelo geométrico oculto entre las letras. Además hay otro mensaje más simple y ahora muy impor-

Mariano Fernández Urresti y Lorenzo Fernández Bueno

tante en la inscripción de la losa funeraria, que Saunière cuidadosamente trató de borrar —sin éxito ya que aparentemente una copia de dicha losa ha sobrevivido—. Situada en el cementerio de Rénnes-le-Château pertenecía a una gran dama del siglo XVIII. Era Marie de Blanchefort, que murió en 1781. La inscripción de su lápida funeraria estaba integralmente ligada con el mensaje secreto de los pergaminos.

Las dos líneas verticales que bordeaban la piedra aparentemente no mostraban ninguna complicación para su lectura, pero tampoco tenían un significado satisfactorio. El texto del centro es en latín como lo es también, a primera vista, la columna de la izquierda. La columna de la derecha parece ser griega: 'Et in pax' es lo que la primera sugiere. Sin embargo, según la normas gramaticales del latín, 'pax' es el nominativo del nombre paz y es gramáticamente incorrecto después de la preposición 'in'. La columna de la derecha no parece tener mucho significado. Aunque todo el texto es latín, la columnas verticales parecen escritas utilizando el alfabeto griego. La clave era muy simple. Todo lo que hacía falta era transcribir al alfabeto romano las letras E, T, Y, N y la A se mantenía igual.

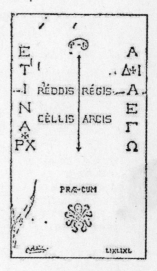

Caracteres grabados sobre la lápida de la dama Marie de Negre.

Siguiendo esta línea la P se convierte en una R y la X en una K. La lectura de las dos columnas quedaría de la siguiente forma: 'Et in Arcadia ego...', es decir, la inscripción de la tumba que es contemplada por los pastores. Todo esto sugiere que puede existir una clave para el misterio en las pinturas y los trabajos de Poussin". Recordemos que en la lápida también aparecían la frase *Reddis Regis Cellis Arcis* —"Tu restituyes por las cuevas, tú gobiernas por las arcas"—. Arcas, cuevas, tesoros...

Por otro lado, Teniers igualmente *"tenía la llave"*. Pintó a San Antón "el Ermitaño", festividad que se conmemora el 17 de enero, una fecha que se reitera constantemente en esta historia empezando por el fallecimiento de la señora Marie de Negre, y que como veremos es clave. San Antón, por otro lado, era de origen egipcio y fue el creador de la Orden de los Antonianos. Según investigadores como Geoffrey Denizard, *"los antonianos, antes de las cruzadas, van a Egipto. Buscan algo: los huesos de San Antón. Quizás ha trascendido a través de los eremitas que regresan a Europa por Italia que allí había documentos que confirmaban que la vida de Jesús no se ceñía exclusivamente a los cuatro evangelios. Ten en cuenta que entonces barajaban del orden de 40 evangelios o más. Es posible que todos estos documentos los guardara San Antonio 'el Ermitaño', dado el gran poder que tenía sobre los monjes del lugar.*

CT GIT NOBLe M
ARIE DE NEGRᵉ
DARLES DAME
DHAUPOUL Dᵉ
BLANCHEFORT
AGEE DE SOIX
ANTE SET ANS
DECEDEE LE
XVII JANVIER
MDCOLXXXI
REQUIES CATIN
PACE

Tumba de Marie de Negre, con la leyenda grabada.

Es posible que los discípulos de éste trajeran tales manuscritos, que posteriormente los heredarían los templarios, y éstos últimos los guardaran a su vez. Por eso, entre otras cosas, cuando comenzó la cruzada contra los monjes guerreros, les acusaron de escupir a la cruz. Y es posible que así fuera, pues para ellos este símbolo no poseía ningún valor".

Huelga decir que se refiere a los evangelios gnósticos descubiertos en el año 1945 en el desierto egipcio, concretamente en Nag Hammadi.

Como vemos todas las acciones de Saunière están llenas de significado, o de simbología.

Haciendo un inciso, a pesar de las pruebas, o más que éstas, de los documentos, hubo quienes pretendieron acabar con el mito de Rénnes, intentando dar explicaciones a todas y cada una de las incógnitas. Labor ardua, si no imposible. Entre ellos destacó el cronista René Descadeillas, quien años atrás, bajo el título *Notice sur Rénnes-le-Château et l'ab-*

bé Sauniène —"Información sobre Rénnes-le-Château y el abad Saunière—, redactaba el siguiente informe: *"Cuando el 1 de junio de 1885 el cura Bérenger Saunière fue nombrado en la sucursal de Rénnes, el pueblo contaba aproximadamente con unos 300 parroquianos. Por entonces, con 33 años, este sacerdote venía de un pequeño pueblo del Pays de Sault, en los Pirineos, concretamente el Clat, cerca de Ariège. Nació en Montazels, comuna cercana a Couiza en el valle de Aude, a 5 km de Rénnes, el 11 de abril de 1852. Era un cura joven, curtido en las labores del campo y de buena planta; un campesino en definitiva al que se le consideraba inteligente y modesto. Nada anormal manifestaba por aquel entonces en su conducta.*

Comparación sobre el terreno del cuadro de Poussin y el paisaje que sirve de fondo.

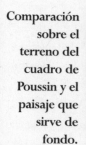

    Es posible que el único episodio considerado 'extraño' fuera una intervención con la que desde el púlpito arengó a sus feligreses durante las elecciones de primavera de 1885, diciendo: 'Las elecciones del 4 de octubre han dado ya magníficos resultados; la victoria no es absoluta, completa todavía... El momento es por lo tanto solemne y es necesario emplear todas las fuerzas contra nuestros adversarios: hace falta votar y votar bien. Las mujeres deben ilustrar a los electores menos instruidos para determinarlos a nombrar a los defensores de la religión. Que el 18 de octubre se convierta para nosotros en el primer día de la liberación...'. El obispo, interrogado por el prefecto sobre la veracidad de estos desagradables aconteci-

mientos, tras responder a las preguntas pertinentes y rehusando desplazar al sacerdote de su lugar de ministerio, el gobernador civil determina la suspensión del sueldo del polémico prelado a fecha de 1 de abril de 1886. Saunière, haciendo gala de unos correctos modales, consiguió que le fuera restituido a los pocos meses.

Bérenger Saunière sucedía a Antoine Croc, de 64 años, y antes de él a Eugéne Mocquin, de 45 años, sacerdotes que pasaron por el enclave sin pena ni gloria.

A su llegada encontró la iglesia en un estado lamentable. El interior se caía a pedazos, con estancias en ruinas, y el exterior muy deteriorado. El campanario amenazaba con desplomarse, la bóveda estaba agrietada, y cada vez que llovía las gotas se precipitaban sobre el altar mayor.

Las reparaciones conciernen, entre otros puntos, al altar mayor, pues la iglesia de Rénnes, de construcción muy antigua si hacemos caso a un informe del arquitecto diocesano M. Cals, de Carcasona (Arch. Aude, serie O-Rénnes), poseía un altar primitivo, hecho de una mesa de piedra sostenida en el frontal por dos pilares cuadrados, de los cuales uno llevaba esculturas arcaicas. Parece —varios testimonios existen de ello todavía y son formales— que cuando el sacerdote desencajó el entablamento, apareció una cavidad llena de helechos secos, en mitad de la cual se distinguían dos o tres rollos o cartuchos. Se trataba de pergaminos, y el cura, como no podía ser de otra forma, se apoderó de los mismos. Declaró 'que iba a leerlos y a traducirlos si podía'. El alcalde, sabedor de este hecho, pidió la correspondiente traducción al cura; éste atendió poco después al requerimiento del mandatario entregándole la traducción de su propia mano. El texto se refería, parece ser, a la construcción de la iglesia y del altar. A partir de esos instantes no se sabe qué sucedió con los documentos.

El cura quitó igualmente las losas que cubrían la iglesia, excavando en el suelo. Existen testimonios de este hecho, el de un anciano que entonces era un niño y seguía el catecismo.

Una hermana de leche de la criada del cura, que vive todavía, no esconde que reparando la iglesia Saunière habría encontrado un bote lleno de piezas de oro. Este hecho me parece muy probable porque es posible que el desgraciado predecesor de Saunière, el abad Antoine Bigou, un viejo de 70 años, forzado a pasar la frontera española en septiembre de 1792, enterrara allí sus ahorros, al igual que los objetos del culto que quería substraer de los futuros inventarios. El 21 de junio de 1891, por las calles de Rénnes se percibe una gran solemnidad con ocasión de la primera comunión. El cura hace instalar y bendecir sobre un terreno municipal situado delante de la puerta de la iglesia una estatua de la Virgen, que él llama Notre-Dame de Lourdes, y que tiene por zócalo uno de los dos pilares que sostenían hasta entonces el altar mayor.

Pero Saunière no se contentó con adquirir ese emplazamiento que consagró a la Virgen, y que confronta un terreno triangular donde los fieles tienen la costumbre de estacionarse a la salida de los oficios. Es, si queremos, un gemelo de una plaza pública. Pidió al consejo municipal la autorización para utilizar el terreno, para clausurarlo a su decisión, para elevar monumentos religiosos... El 5 de febrero de 1891, el consejo recibe la demanda del sacerdote, pero dicho estamento rehusa alienar el terreno que es y seguirá siendo municipal, prohibiendo al cura construir techados, a lo que declara:

Marie Denarnaud, fiel "compañera" del prelado.

1º Que la plaza, aunque cerrada a los gastos y cargas del cura no le confiere (sic) ningún derecho, ni a él ni a sus sucesores, ni a la fábrica y queda como propiedad municipal; todo el que lo desee tendrá el derecho de penetrar en el cercado, sea para visitar los monumentos que serán levantados, sea para entrar en el cementerio.

2º Que todas las puertas que cerrarán las diferentes entradas de esta plaza serán provistas de llaves, de las cuales una será depositada en manos del alcalde o de su delegado.

3º Que esta plaza, una vez cerrada, quedará abierta los domingos y los días festivos así como los días feriales, sean municipales, regionales o nacionales, desde la salida hasta la puesta de Sol (arch. Aude, serie O-Rénnes).

A todo esto el cura había hecho construir arriates formando un pequeño jardín, los había adornado con concreciones calcáreas que había buscado en el interior de cavernas, en los alrededores del pueblo. Pero, rebasando la advertencia del consejo municipal, hizo levantar en un ángulo cercano al cementerio un pequeño edificio, lo que le estaba explícitamente prohibido. Al no protestar la autoridad municipal, el cura instaló en la casita su biblioteca y su camarín de trabajo. El edículo estaba más alto con respecto al nivel del jardín y, conforme a la costumbre, en este país desprovisto de agua, habían cavado el suelo por debajo de la construcción para practicar una vasta cavidad; se trataba de una cisterna.

Ahora bien, el 14 de julio de 1895, un incendio de una violencia inaudita devastó dos o tres edificios en las proximidades de la iglesia. Se trataba de lugares utilizados como graneros, rodeados de granjas repletas de heno. Se temía que el fuego se propagase por todo un barrio. Los bomberos acudieron a coger agua de la cisterna del cura, pero éste, que poseía la única llave del lugar, les negó la entrada. Hizo falta recurrir a la fuerza para introducirse en la casita. Al día siguiente Bérenger fue a la gendarmería de Couiza y presentó una denuncia por violación de domicilio. Era demasiado. El consejo municipal tomó, el 20 de julio, una nueva deliberación. Ordenó al cura que entregara el presbiterio y que instalara fuera del recinto eclesiástico su camarín y su biblioteca. El local quedaría cerrado, solamente, con pestillo y serviría para depositar las vasijas del parterre. En cuanto a las puertas de la plaza pública clausurada, no serían cerradas más con llave, ni tan siquiera durante la noche.

El cura tuvo que claudicar, al menos en este caso. Poco tiempo antes había provocado reclamaciones a la autoridad prefectoral, por parte de varios de sus conciudadanos. El abad Saunière se encerraba de noche en el cementerio y procedía a llevar a cabo extraños "transtornos". He aquí el texto de dos peticiones que han sido conservadas y que reproducimos sin cambiar una sola palabra:

12 de marzo de 1895.
Señor Prefecto.
Tenemos el honor de prevenirle que el acuerdo del consejo municipal de Rénnes-le-Château, en la reunión que tuvo lugar el domingo 10 de marzo de 1895 a la

una de la tarde en la sala de la alcaldía, nosotros, electores, protestamos que su decisión —el nombrado trabajo que da derecho al cura de continuar— no es de ninguna utilidad... Seamos libres de arreglar cada una de las tumbas de nuestros parientes que reposan allí y que el señor cura no tiene derecho a que tras embellecer y situar las cruces o coronas por nosotros, él las remueva, levante y cambie.

Firmado...

A partir de aquí el viajero se percata de que se aproxima a un lugar, si no terrible, sí extremadamente misterioso.

Y esta otra, de un estilo más pintoresco:

14 de marzo de 1895.
Señor Prefecto.
    No estamos en absoluto contentos con que se trabaje en el cementerio, sobre todo en las condiciones en las que ha estado hasta hoy. Si hay cruces, son levan-

tadas; las lápidas también, y al mismo tiempo este mencionado 'trabajo' no consiste en reparaciones ni en nada.

Firmado... (Arch. Aude, serie O-Rénnes).

Se le ordena, por lo tanto, al abad Saunière, que cese de levantar tumbas y de causar desperfectos en el cementerio. Pero, ¿qué hacía en el cementerio? ¿Por qué levantaba las tumbas?

Uno de los misteriosos manuscritos. Como prueba de su amplio significado, invierta el lector el sentido de las cuatro letras horizontales de la firma... Es tan sólo una muestra.

Aún así atendió y subvencionó los gastos de restauración del camposanto. Hizo construir un muro que clausuraba el recinto, y el esbozo de un osario que no terminó.

Al mismo tiempo culminan las reparaciones de la iglesia. Se recibe la bóveda y entre el 1 de noviembre de 1896 y el final de abril de 1897 se construyó. El cura pagó hasta el último céntimo.

En el transcurso de 1900 adquirió varios terrenos sin edificar situados al sur de la iglesia y del presbiterio, en los márgenes del altiplano. A la vez compró granjas viejas, en parte ruinosas, bordeando la carretera y lindando por el este al patio del presbiterio. Pero —es conveniente precisar— que el abad Saunière no adquirió estos terrenos en su nombre: los compró a nombre de diferentes personas, especialmente su criada, Marie Denarnaud, originaria de Couiza y 20 años más joven que él; al de los padres de ella y a nombre de varias personas relacionadas con ambos. Y en 1901 comenzó, en el emplazamiento de las granjas, la construcción de una 'villa' con sillar, de un gusto discutible, a la que llamó 'Villa Béthanie', de estilo renacentista. Al otro lado de la carretera, sobre un terreno baldío hizo dibujar un jardín.

Rehizo el antiguo muro que encerraba el recinto del pueblo siguiendo el ángulo redondo del altiplano, construcción de una gran espesura, hueco y lleno de enormes cisternas.

En el extremo colocó una torre modesta que no superaba el nivel de la muralla, provista de almenas y de una garita. Todo ello con escaleras de acceso dobles. Es la llamada torre Magdala. Y sobre este espacio cerrado mandó construir más jardines. Instaló su camarín de trabajo y su biblioteca en este edificio de dos pisos, que dominaba toda la región, y que rápidamente se hizo célebre. Para guardar sus libros mandó construir a un negociante de muebles de Carcasona cuatro bibliotecas de roble, con un precio de 10.000 francos, de las que dispuso en 1908. Sin embargo el cura no vivió jamás en Béthanie y continuó haciéndolo en el presbiterio que, por acta del 24 de marzo de 1907 había alquilado al ayuntamiento por un precio de 20 francos al año, y por espacio de un lustro. El alquiler, que sería tácitamente cumplido, sería anulado de pleno derecho, en caso de fallecimiento o desplazamiento del cura. Es decir, que la pretensión del consejo de expulsarlo no tuvo el efecto requerido.

Dadas las presiones recibidas, especialmente por parte de su obispo, dimitió de la sucursal de Rénnes el 1 de febrero de 1908, tomando la precaución de construir, en su 'villa Béthanie', un altar desde el que decía la misa.

¿Tenía algún problema que se avecinara? El hombre era zafio, poco instruido —el gusto discutible del que hace muestra en sus construcciones y sus restauraciones lo testimonian ampliamente–, pero astuto y misteriosamente positivo. Sabía bien que su extraña conducta provocaría en muchos de sus colegas y superiores, cuando menos, la curiosidad. ¿Cuáles eran sus fuentes? ¿De dónde procedían? Vivía holgadamente, y en su casa siempre tenía la mesa repleta. Posteriormente a 1900 recibía todas las semanas a alguien de manera exageradamente fastuosa. Se hacían comentarios de su relación con Emma Calvé, la diva de la opera, originaria de Aveyron, que iba a verlo a Rénnes; con hombres políticos locales, Dujandin-Beaumetz, nacido en 1852, y consejero general de Limoux, diputado de Aude sin interrupción desde 1889, que debía ser secretario de estado de Bellas Artes. De otros menos conocidos, jefes locales o regionales del partido radical-

Sigamos con el juego. Unamos las últimas letras de las últimas cuatro líneas del manuscrito, y tendremos... Pues con observar el mismo un poco más, podremos encontrar otros contenidos encriptados.

socialista, muy poderosos ya en Aude. Con notables, negociantes, industriales... Saunière no tenía prejuicios sociales. Trataba igualmente bien a los trabajadores que iban a Rénnes a ponerse a sus órdenes. En particular, a su llegada por la mañana y por la tarde, comían en casa del cura copiosamente, y trabajaban felices en Rénnes. Saunière tenía un plan sobre el orden de los trabajos, y aún subsisten algunas hojas de sus registros. Yo he podido consultarlos.

Encontramos en su hogar una cueva –bodega– notable conocida en toda la comarca. Los muros estaban tapizados de casilleros. Cuando en una región cualquiera se citaba un año famoso por su cosecha, el cura pedía algunas botellas. Así *veíamos casilleros que contenían 5 ó 6 litros con la etiqueta escrita a mano que decía: 'Tokay del año X... Cada botella me ha costado X... F'. Se consumía mucho ron en su casa. Se comía bien y se bebía mejor.*

Ya a finales del año 1899, el cura Saunière fue propuesto por el ordinario para el juicio del prefecto por un asunto personal. La proposición acarreó, como era preceptivo en aquellas fechas, una encuesta administrativa dirigida por el subprefecto de Limoux. El 16 de octubre de 1899, este funcionario respondió al prefecto: 'M. abad Saunière está en una situación de fortuna excesiva. No tiene cargas de familia. Su conducta es buena. Procesa opiniones antigubernamentales.

Los cuadros de Poussin con el paisaje arcadiano se repiten una y otra vez en su misteriosa obra.

Actitud: reaccionario militante. Opinión desfavorable' (Arch. Aude). A partir de esos momentos es probable que quisieran que dejara Rénnes.

Hemos de resaltar que sabíamos que el sacerdote se ausentaba con frecuencia y durante varios días sin la autorización del ordinario. Previsor, calculaba antes de partir las posibles personas que podrían escribirle durante esos días, y preparaba por adelantado las respuestas. Las había para el obispo, para el canciller del obispado, para el gran vicario, para curas colegas suyos...

Rénnes-le-Château, a día...

Monseñor,

He leído con el más humilde de los respetos la carta que habéis tenido el honor de escribirme y a la cual presto toda mi atención. Creed que el interés del asunto que mencionáis no me había pasado inadvertido, pero merece la pena reflexionar sobre el mismo. También sucede que, cogido por un asunto urgente, postpongo algunos días mi respuesta.

Os ruego que aceptéis mis respetos, Monseñor, etc...

Invariablemente, cuando el cura de Rénnes cogía el tren en la estación de Couiza, tomaba siempre la misma dirección: Perpignan. Algunos testimonios así lo afirman. Está permitido pensar que en esta ciudad, tan cercana pero fuera de la diócesis, tenía sus intereses. Es una pena que la distancia no permita saber a qué banca iba.

Es más, en algunos periodos el cura de Rénnes recibía cada día una gran cantidad de dinero llamados 'Mandatos' —hasta 100 ó 150 francos al día–, portando encima pequeñas sumas que variaban de los 5 a los 40 francos. Los 'envíos' se los pasaban a domicilio en Rénnes. Muchos 'Mandatos' se los enviaban a Couiza, donde iba a canjearlos por dinero. Una de las recepcionistas que los pagaba vive todavía.

Éstos eran de procedencias muy diversas. La mayoría los recibía de Francia; pero también había muchos de Rhénanie, de Suiza, y del norte de Italia. Algunos, como demuestra un registro, llegaban de congregaciones religiosas. Estos 'mandatos' representaban peticiones de misas. El abad Saunière traficaba con las misas.

Hasta que Monseñor Felix-Arsene, obispo de Carcasona, fue hasta el más alto cargo de la diócesis, nadie pidió explicaciones al abad Saunière. Las construcciones del cura de Rénnes y su vida fastuosa —en todo caso muy por encima de sus medios reconocidos— provocaban en el clero y en las altas instancias todo tipo de comentarios.

Posteriomente, monseñor de Beauséjour le pidió una justificación de sus fuentes. Saunière contestó con palabras vagas y dilatorias, de las cuales concluimos que no *tenía intención de desvelar nada. Seguidamente se produjo una discusión en la que sólo hablaba el obispo, pues Saunière se hizo literalmente el sordo. A continuación, el abad le escribió la siguiente carta a su obispo, en un extraño tono de admisión:*

Monseñor, he leído vuestra carta con el respeto más extremo y he comprendido las intenciones que tenéis a bien para hacerme partícipe de ellas. Pero si nuestra religión nos encomienda a considerar por encima de todo, nuestros intereses espirituales, y éstos están seguramente ahí arriba, no nos ordena que descuidemos nuestros intereses materiales, que están aquí abajo. Y los míos se encuentran en Rénnes y no fuera. Os lo digo, no, Monseñor, no me iré jamás...

Saunière, por lo tanto, se negó a abandonar Rénnes, en términos que parecen sorprendentes y que tienden a menoscabar nuestras ideas sobre la disciplina eclesiástica. Sea como fuere, se le encontró culpable de rebelión contra su obispo. Era demasiado. Monseñor de Beauséjour no podía, evidentemente, dejar que burlasen su autoridad. El 27 de mayo de 1910, era llevado ante la oficialidad de la diócesis por haber continuado, pese a las órdenes recibidas del obispo y de las promesas hechas a él, con el tráfico de misas fuera de la diócesis. Citado a comparecer el

Entrada al cementerio de Rénnes, un lugar pleno de secretos.

16 de julio, no se presentó. Convocado el 23 con una citación perentoria, tampoco compareció. El 23, juzgado por falta, la Oficialidad dictó sentencia condenándolo por simonía, gastos exagerados y no justificados a los que parecía haber estado consagrando los honorarios de misas no pagadas, desobediencia a su obispo, a una 'suspens a divinis' durante un mes y a la restitución de los honorarios no pagados, sin que podamos determinar a qué cantidad equivalía el montante final.

Saunière, habiendo obtenido del obispo la 'restitutio causae in integrum', fue citado de nuevo el 23 de agosto. Designó como abogado al señor Mis, del despacho de Limoux, y después al doctor canónigo Huguet, cura de Epiens, de la diócesis de Agen. El 15 de octubre Saunière, que no había acudido a la citación, fue representado por el citado canónigo. El 5 de noviembre la sentencia exigió que el

En la entrada al pueblo un cartel prohíbe hacer agujeros...

abad fuera a una casa de retiro durante 10 días, pero se libró de los ejercicios espirituales.

Un periódico religioso avisó posteriormente que Saunière no podía dar misa a partir del 5 de diciembre de 1910. Sin embargo, poco después sería restituido en el cargo en una orden que provenía de las más altísimas instancias...".

La casa de la Magdalena

REBELDE ERA, DE ESO NO HAY DUDA, y además imponía su criterio, aún a riesgo de provocar un enfrentamiento directo con sus superiores. Es posible que la seguridad de sentirse extremadamente protegido, de saberse en manos muy poderosas, le llevara a adoptar esa actitud, en ocasiones altanera en exceso.

Y ese mismo conocimiento que le generó tantos y tan influyentes amigos fue el que, al menos en parte, reflejó en el exterior y en el interior de su templo. Parémonos a observarlo durante unos instantes...

Según accedemos al conjunto la arboleda cae sobre el viajero con la misma densidad que el ambiente que se respira en el pueblo; aquel no es un lugar normal... no señor. A la derecha, una pequeña cueva nos da la bienvenida. Es artificial, pues Saunière se dedicó durante meses a recorrer los alrededores buscando piedras de todos los tamaños a fin de realizar la pequeña obra. Obviando otros detalles, como el calvario que en mitad del jardín luce en su superficie varias letras sin identificar –AOMPS, para algunos eruditos el acrónimo de *Antiques Ordo Misticusque Priorato Sionis*–, o la Virgen de Lourdes, situada sobre uno de los célebres pilares en los que se hallaron los pergaminos, nos plantamos frente a la fachada de la iglesia. Algún autor en su momento la tachó de estridente, de un mal gusto tan supino que de no conocer la historia, posiblemente el curioso pasaría de largo. Pero es aquí donde comienzan a aflorar los elementos... extraños.

Es condición indispensable que por unos momentos intentemos introducirnos en la cabeza del abad, para comprender su mundo de simbología y conocimiento oculto. Dejó todo su saber representado en las tallas, en las paredes... En definitiva en este lugar la piedra sigue el viejo principio de las construcciones templarias y habla. Así pues, oígamos que nos susurra...

Frente a nosotros, la puerta de madera está coronada por la célebre frase *Terribilis est locus iste* –"Éste es un lugar terrible"–. Es más que evidente que el mensaje que transmite no es especialmente benigno, pero no hay que tomarlo al pie de la letra; está haciendo alusión al grito de Jacob en Betel. Según el citado investigador Denizard, *"Jacob tuvo una importante revelación en la que se le aseguró que sobre el lugar sobre el que yacía y se encontraba la piedra que le servía de apoyo germinaría la semilla de su estirpe. No debemos olvidar que en el árbol genealógico davídico Jacob aparece como uno de sus más ilustres miembros. Además, la formación pétrea que le sirvió de almohada se custodió durante años en el interior de la Cúpula de la Roca, en Jerusalén, el que a la postre sería el cuartel general de los caballeros templarios"*. Este personaje bíblico era antepasado de Jesús, y por lo tanto miembro del linaje davídico. ¿Qué pretendía Saunière? ¿Aludir a que en aquel lugar se hallaba el secreto de la estirpe sagrada? Más aún, ¿qué uno de sus miembros estaba enterrado en algún lugar de la comarca —por ejemplo una cueva como la que se afanó en levantar a la entrada del recinto—, o incluso bajo la misma iglesia?

Sobre esta inscripción, la Magdalena preside el conjunto.

Nada más acceder al templo, a la derecha nos recibe un personaje bastante desagradable. Es un diablo Asmodeo, el guardián del templo, el custodio del tesoro. No conviene olvidar que según la tradición el magnánimo rey Salomón condenó a este ser a vagar por el desierto después de que, habiendo el monarca olvidado su sello, el demonio no le dejara acceder a la gruta donde se hallaba el pecio real. ¿Aquí también custodia un tesoro? Además se descubre la rodilla, como muchas otras tallas de la iglesia, que situadas sobre el suelo ajedrezado nos recuerdan que tal premisa en fundamental a la hora de acceder a una logia masónica... más bien, en el momento de la iniciación a la misma.

Siguiendo con nuestro amigo Asmodeo, sobre su cabeza se sitúa la pila bautismal, protegida a ambos lados por sendos basiliscos, el ser que según la mitología griega era capaz de congelar con la mirada a aquellos que se atrevieran a observar sus ojos. Pero no es lo único: entre ambos bichejos, que más parecen salamandras, y en el interior de una orla roja se inscriben las letras "BS", firma y sello de un Bérenger enigmático, que si el lector recuerda también están grabadas en la catedral de Jaén, concretamente en el coro gótico... La extraña representación se halla coronada por cuatro ángeles, cada uno de los cuales hace una señal de la cruz; todo ello vigilado por la frase *Par ce signe tu le vaincras* —"Con este signo tú le vencerás"—.

Al fondo, Jesús es bautizado por Juan, y bajo éste aparecen las letras alfa y omega, principio y fin, pues no en vano Jesús, antes que maestro también fue aprendiz; también hubo de pasar por un proceso iniciático. Lo especialmente llamativo es que ambas figuras, el Nazareno y el Asmodeo fijan su mirada en un punto determinado del suelo, precisamente donde se sitúan 64 cuadrantes de ajedrez. El citado erudito Geoffrey Denizard asegura a este respecto que *"este juego no tiene relación con secretos de la Iglesia, ni con sociedades secretas, ni nada parecido. Es simplemente parte del conocimiento iniciático que se enseña en estos sitios. Se dice que dentro de las tradiciones egipcias el cometido del diablo es hacer partícipe de su desorden al ser humano. Es el señor del caos.*

La mayoría de las personas son ateas por dos razones: por la injusticia, ver que todo es injusto; y otra porque todo es un caos. La responsabilidad de lo segundo es precisamente de éste, el diablo.

Entonces, si tu miras un ajedrez, da comienzo con una estructura perfectamente ordenada, ¿y hacia dónde va en su movimiento?, hacia el desorden. Además hay un momento en que el desorden es absoluto.

La entrada a la iglesia es un catálogo de simbología perfectamente legible.

¿Qué pasa?, que el que sabe jugar encuentra un orden implícito, porque sabe cómo se mueven las piezas. Incluso en ese caos, a partir de la muerte se va generando otro orden. La muerte del rey, el último sacrificio, y empieza un nuevo orden. Todo eso tiene que ver con conceptos de índole más grande. En definitiva, básicamente en el juego del ajedrez, las figuras, los movimientos, la geometría, el concepto del karma... acción, y reacción, es decir, está expresando la dinámica del movimiento, del jing y el jang, vamos, que si empieza la partida y yo muevo un peón blanco, eso inmediatamente tiene una reacción. Muevo caballo... se está empezando a generar un caos. Muevo otra... No hay justicia ni injusticia, simplemente hay

Asmodeo da la bienvenida al viajero, con la mirada fija en el ajedrezado suelo del templo, como corresponde a toda logia masónica...

MARIANO FERNÁNDEZ URRESTI Y LORENZO FERNÁNDEZ BUENO

matemática. Y sobre todo, hay unas reglas. Los no iniciados no perciben las reglas, porque lo que perciben es desorden y caos. Mientras que el iniciado percibe la regla, la matemática divina, el orden, el arquitecto del universo, el geómetra... La escuadra y el compás. Y éste, el diablo, es el que guarda esos secretos".

Seguimos caminando, y llama especialmente la atención, que si la edificación está escandalosamente ornamentada en su exterior, en su interior no mejora la cuestión. Pero no estamos aquí para juzgar el gusto del padre François, que está a la vista que no lo tenía desarrollado en demasía, sino para analizar, por ejemplo, el relieve de la Magdalena que hay bajo el altar mayor. A simple vista no parece esconder nada, pero... *"Junto al altar, concretamente en el frontal, aparece María Magdalena con la calavera. Me da la impresión de que en este tipo de masonería dejaban participar a mujeres, cosa muy poco habitual en aquella época. Tanto la calavera, el libro, la cueva, hacen alusión dentro de estos ritos a la llamada 'cámara de reflexión', donde el candidato recrea una cueva, y donde le ponen una calavera, y unos escritos... y ahí lleva a cabo su 'testamento filosófico'. Como su propio nombre indica, al iniciado, antes de aceptarle le introducen en esa 'gruta', para que medite.*

Con el testamento quieren indicar que va a morir... morir hacia el mundo profano, de ahí la imagen de la calavera", afirma mi buen amigo el investigador Geoffrey Denizard. Bajo ésta aparecen las siguientes letras, extraídas de los misteriosos manuscritos, y que aún permanece pendiente de solución:

JÉSV. MEDELA. VVLNÉRVM + SPES. VNA. PŒNITENTIVM.
PER. MAGDALANÆ. LACHRYMAS + PECCATA. NOSTRA. DILVAS.

Pero no sólo eso; Bérenger pintó con sus propias manos esta imagen, dejando patente que la misma, María Magdalena, se encontraba en avanzado estado de gestación. ¿La santa en el altar mayor y embarazada? ¿De quién? ¿Qué pretendía mostrar con tan extraña iconografía?

Es difícil que no se nos vaya la vista a la escultura de San Antón "el Ermitaño" —el mismo que fundó los Antonianos—, pues se sitúa a nuestra izquierda. Por cierto, ¿saben en qué fecha se conmemora esta festividad? El 17 de enero. Les suena, ¿verdad? Para muchos esoteristas los días que van del 17 al 20 de enero son importantísimos para sus creencias y ritos. No en vano culminan en San Sebastián, patrón "secreto" de los templarios en la jornada que se cierra el solsticio de invierno. Otro detalle "curioso" es que el citado día 17, al margen de fallecer personalidades importantes de esta trama —el propio Bérenger—, se produce un acontecimiento "astronómico" que merece la pena tener en cuenta. A las doce del mediodía hora solar, los rayos del astro rey se cuelan por una de las vidrieras "gestando" el fenómeno de las *pomme*

La Magdalena, "dueña" del templo y custodia de todos los secretos.

bleue —manzanas azules—, tres puntos de luz en formación triangular que se van desplazando hasta colocarse sobre el altar. Todo ello forma parte de un rito que se celebra dentro de la masonería azul. Apelamos una vez más a sus recuerdos: *"Por la cruz y este caballo de Dios, completo —o destruyo— este demonio del guardián al mediodía. Manzanas azules"*. ¿Asmodeo custodia el lugar que marcan las tres luces y donde, *voilá*, se halla el altar mayor en el cual —y bajo el cual— se hallaron manuscritos, esqueletos, monedas... y en el que luce su "barriguita" la Magdalena? ¿Es eso lo que nos quiere decir?

¿O el tesoro es otro... más humano? Sea como fuere las sorpresas en este templo en el que la simbología alcanza cotas impensables son constantes. Tras el altar hay dos figuras representando a la Virgen y San José, cada uno de los cuales porta entre sus brazos a dos niños, ¡exactamente iguales! ¿Acaso pretende decir, como otras tradiciones aseguran, que Jesús tenía un hermano gemelo, que fue el que verdaderamente falleció en la cruz? ¿Es posible que, entre otros, los caballeros del Temple supieran de este "secreto" y conocedores de que el ser espiritual no había fallecido, reflejaron esta dualidad en sus propios sellos, mostrando a dos hombres montando la misma caballería? ¿Era ese el voto de pobreza de aquellos que manejaron Europa social y económicamente a su antojo? Como ven, quizá demasiadas cuestiones, y un solo persona-

Tras el altar mayor San José y la Virgen sostienen entre sus manos a dos niños iguales. ¿Es el *dídimo*?

je que las aglutina todas; un sacerdote que huelga decir a estas alturas, sabía más de lo normal...

No saturaremos al lector con más datos; únicamente le diremos que de visitar este enclave único, no deje de seguir el rastro de los catorce cuadros que integran el Vía Crucis. Es un auténtico mapa que desvela demasiados secretos, y que posiblemente fue realizado a fin de conducir al que supiera interpretar su contenido a algún lugar no muy lejos de Rénnes..

El padre Saunière enfermaba el 17 de enero y fallecía el 22 del mismo mes del año 1917, después de que su fiel Marie Denarnaud encargara días antes el ataúd, cuando nada hacía presagiar el fallecimiento de aquel hombre robusto y sereno. Dicen los habitantes del lugar que el sacerdote que acudió a administrar la extremaunción al

Las manzanas azules, un fenómeno tan curioso como estudiado. Y es que el cura no dejaba ningún cabo por atar...

moribundo, se negó a hacerlo hasta dos días después del deceso. Jamás nadie supo cuáles fueron las últimas palabras de François Bérenger Saunière, pero aquel prelado, asustado hasta los extremos, salió de la estancia asegurando que había oído "cosas terribles...".

En esta cama falleció el sacerdote Bérenger Saunière, cuando nadie —o casi nadie— lo esperaba...

...y aquí es donde descansan los restos mortales de un hombre que supo demasiado.

ACTO VI

El Priorato de Sion

"La sociedad a la que pertenezco es extremadamente antigua. Yo sólo soy un punto más de una enorme recta... me limito a suceder a otros"

Pierre de Plantard, Gran Maestre del Priorato de Sion

Sea como fuere, lo cierto es que el término "Sion" se repetía una y otra vez en los manuscritos hallados en Rénnes-le-Château, y en definitiva en la existencia del padre Saunière.

No en vano, si nos atenemos a las diversas líneas de investigación que ha generado esta historia, habría un desencadenante más siniestro en la muerte de nuestro protagonista que una fortuita enfermedad. Y es que llama poderosamente la atención que una persona que se encuentra en perfecto estado de salud, física y mentalmente, fallezca poco después de manera fulminante; y lo más asombroso, que su féretro estuviera reservado desde más de una semana antes, cuando nada presagiaba el final del abad.

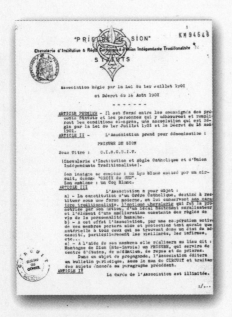

Los estatutos de la Orden, el primer paso para iniciar las investigaciones.

Es en este momento cuando aparece en escena la figura del padre Henri Boudet, amigo personal de Saunière, mentor en cierto modo y cura del cercano pueblo de Rénnes-les-Bains. No en vano éste habría subvencionado las faraónicas obras del primero; desde la reparación de la iglesia, la torre Magdala, "Villa Béthanie...". Se supone que en menos de dos décadas, el citado mecenas aportó a las rentas de Bérenger, la nada despreciable cantidad de quince millones de francos. Si bien es cierto que este personaje era extraño en todos sus aspectos, hijo de familia humilde pero inteligente en extremo, la amistad que parece ser tejió con nuestro protagonista fue robusta y duradera. No en vano ciertos documentos aseguran que incluso Marie Denarnaud ejerció las veces de "infiltrada" en la vida de Saunière, hasta tal punto que las enormes cantidades dinerarias siempre pasaban por ésta, antes de acabar en manos del prelado. Pero no queda aquí; en toda esta trama también sería un asalariado más del incógnito Boudet el propio obispo de Carcasona, el mismo que subvencionó el viaje del sacerdote a Francia, con los polémicos manuscritos a cuestas. De ser así, ¿para quién trabajaba este hombre? ¿De dónde procedían tan descomunales rentas?

En 1956 empezaron a circular en Francia, entre determinados sectores, una serie de documentos en los que se relataban, entre otras cosas, estas posibilidades… Venían firmados por una misteriosa orden que se hacía llamar Priorato de Sion…

Ese año fue, en cierto modo, revelador para detractores y defensores a ultranza de esta extraña sociedad secreta. Las primeras informaciones salieron a la luz en forma de documentos oficiosos, esto es, no contrastables en demasía. Sin embargo en los mismos se hacía alusión a los estatutos del colectivo, e incluso se citaba los nombres de algunos de sus Grandes Maestres, entre los que se encontraban personalidades de la talla de Víctor Hugo, Isaac Newton, Claude Debussy, y hasta el mismísimo Leonardo da Vinci. Evidentemente tales afirmaciones se divulgaron con la rapidez de la pólvora, especialmente por los fines que movían a tan enigmático colectivo: instaurar en el trono francés a su legítimo representante, que no era otro que el descendiente del linaje merovingio. ¿Por qué tanto interés? Es sencillo. Según los miembros de dicha orden, tras la muerte de Dagoberto II y toda la familia real a manos del traidor Pipino de Heristal –fundador de la dinastía carolingia–, uno de sus hijos sobrevivió milagrosamente, continuando la saga merovingia. La importancia de este personaje, al

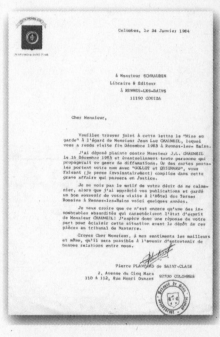

Cartas con la firma de Plantard.

213

que los historiadores llaman Sigisberto IV, radicaba en su sangre, pues no en vano era descendiente de los primeros reyes de Tierra Santa. ¿Qué significa ésto? Según los documentos secretos del Priorato, tras la muerte de Jesús en la cruz, su esposa María Magdalena partió de Palestina en compañía de su prole, y protegida por José de Arimatea, al que los evangelios gnósticos atribuyen el honor de "transportar" el Santo Grial, en este caso representado en la *Sangre Real* de aquel grupo de proscritos. Pues bien, los miembros de la estirpe del Grial arribarían tiempo después a las costas francesas, donde los descendientes del linaje judío se unirían a los príncipes francos. De este modo nacía la dinastía merovingia, herederos directos —siempre según esta misteriosa orden— del mismísimo rey David, y por ende, del Nazareno. Así pues se desencadenaba una lucha intestina entre los defensores de la fe, guiados por los dogmas de Pedro, y los seguidores de la sangre, cuya cabeza visible era María Magdalena, y el resultado se tradujo en el exterminio de Dagoberto II y familia. No obstante, como ya hemos comentado, uno de sus hijos permaneció con vida, y el linaje se perpetuó, hasta que uno de sus miembros, el Duque de Lorena Godofredo de Bouillon, en el año 1099 tomaba para sí el trono de Tierra Santa que legítimamente correspondía a su estirpe, a pesar de que finalmente lo rechazara en favor de su hermano, quien un año más tarde subía al trono. Sus descendientes quedarían "reflejados" en unos documentos que siglos

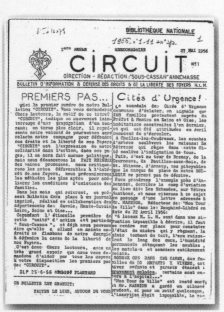

Revista interna del Priorato.

más tarde serían hallados en un altar visigótico, en la pequeña localidad de Rénnes-le-Château.

De este modo, Godofredo de Bouillon situó la Orden de Sion en los altos de una loma, donde se asentaba la abadía de Nuestra Señora del Monte Sion, que más que templo, aseguran las crónicas, parecía fortaleza. Y además, pues había un gran secreto que defender, años después –en 1118–, daría pie a la fundación de la Orden del Temple.

Para no liar al lector, le diremos que este Priorato de Sion apareció en la segunda mitad del siglo XX, y se decían herederos de los saberes y conocimientos de aquella más antigua, anclada en las postrimerías de un oscuro siglo XI.

Los orígenes

Es, SIN LUGAR A DUDAS, UN PUNTAL FUNDAMENTAL en el desarrollo de la obra *El Código da Vinci*: la existencia de una sociedad secreta, que se ha paseado por la historia como guardiana de un misterio tan importante que ha provocado continuas luchas, y que además ha sido comandada por las mentes más destacadas de la historia; es un elemento más que jugoso al que recurrir. No obstante, ¿qué hay de verdad en todo esto? ¿Quiénes fueron los fundadores del "moderno" Priorato y cuáles sus objetivos?

Como hemos dicho anteriormente, los "anónimos" integrantes del colectivo pretendían colocar al que consideraban legítimo heredero de un trono a primeras luces ficticio, para así encabezar la creación y puesta en marcha de una especie de Estados Unidos de Europa.

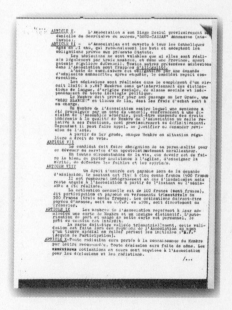

Las leyes... hay que respetarlas.

Los nombres de sus más ilustres miembros, su ideología, sus objetivos y "conocimientos" quedaron reflejados en un conjunto de escritos bajo el nombre de *Dossiers secrets* –"Dossiers secretos"–, que con cuentagotas fueron saliendo a la luz pública, ofreciendo informaciones que implícitamente dejaban ver que habían surgido de esferas "privilegiadas", y que contenían recortes de obras literarias, genealogías, documentación histórica... y los nombres de los Grandes Maestres que a lo largo de los siglos presidieron el Priorato de Sion.

Según estos escritos, los mandatarios de la misteriosa organización –y los que por consiguiente eran partícipes de la historia oculta que el colectivo se disponía a proteger, y defender a capa y espada– habían sido:

Jean de Gisors, primer Gran Maestre de la Orden, 1188-1220.

Marie de Saint-Clair, 1220-1266.

Guillaume de Gisors, 1266-1307.

Edouard de Bar, 1307-1336.

Jeanne de Bar, 1336-1351.

Jean de Saint-Clair, 1351-1366.

Blanche d'Evreux, 1366-1398.

Nicolas Flamel, 1398-1418.

René de Anjou, 1418-1480.

Iolande de Bar, 1480-1483.

Sandro Filipepi, 1483-1510.

Leonardo da Vinci, 1510-1519.

Connétable de Borbón, 1519-1527.

Ferdinand de Gonzague, 1527-1575.

Louis de Nevers, 1575-1595.

Robert Fludd, 1595-1637.

Johann Valentin Andrea, 1637-1654.

Robert Boyle, 1654-1691.

Isaac Newton, 1691-1727.

Charles Radclyffe, 1727-1746.

Charles de Lorena, 1746-1780.

Maximilien de Lorena, 1780-1801.

Charles Nodier, 1801-1844.

Victor Hugo, 1844-1885.

Claude Debussy, 1885-1918.

Jean Cocteau, 1918- ?.

Les suena algún nombre, ¿verdad? Los estudiosos pronto lanzaron los gritos a los cuatro vientos al leer detenidamente esta lista. Y es que había tres grupos bien definidos de personajes: por un lado los más conocidos, que era improbable después de las extensas biografías que de los mismos se habían hecho, que pasara inadvertido el detalle de ser Grandes Maestres de una Orden como la referida, a pesar de las bien sabidas inquietudes esotéricas de algunos, como Víctor Hugo, valga como ejemplo; por otro lado, los menos populares, nobles europeos a los que resultaba prácticamente imposible rastrear dato alguno de su vida; y por último, el "sector científico". Era difícil imaginarse a Isaac Newton dirigiendo los designios de una "secta" de este corte...

No obstante, lo que resultaba más que evidente es que a partir de aquel año, 1956, y de la aparición de los estatutos pertenecientes al citado Priorato en la Biblioteca Nacional de París, y de los *Dossiers secrets*, el interés por lo ocurrido, entre otros sitios, en Rénnes-le-Château, avivó los ánimos de aquellos que se lanzaron a la publicación indiscriminada de todo lo acontecido en la pequeña aldea prepirenaica. De hecho, lo ocurrido

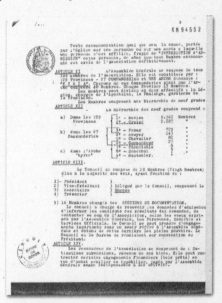

Así se dividía la sociedad secreta.

allí y el hallazgo del cura Saunière, en especial los extraños manuscritos, constituía un auténtico reguero de información sin parangón hasta la fecha. Existía una tremenda avidez por publicar todo cuanto fuera necesario entorno a esta historia, no movidos –al menos en apariencia– por intereses económicos; más bien primaba la necesidad de informar, de concienciar a la gente de la existencia de otra historia paralela, trascendental quizás, cuyos argumentos eran vendidos como procedentes de fuentes confidenciales.

No en vano, en uno de los *Dossiers* se hacía alusión a la figura de Bérenger Saunière como "miembro pasivo" del Priorato. Además, aseguraban los escribientes de estos documentos, que antes de que el cura de Rénnes diera con los manuscritos en el interior de los pilares visigóticos, dos extraños se acercaron a la localidad en nombre del citado Priorato de Sion, para informarle del lugar en el que se hallaban los mismos. A partir de entonces serviría a las órdenes del citado colectivo, hasta 1916, año en que discutió con éstos, y la separación fue inevitable. La venganza no se hizo esperar, y ello podría explicar que Saunière gozara de buena salud antes de su muerte, y que su "fiel" Marie, infiltrada en la casa por mandato del padre Boudet, reservara el ataúd con sospechosa antelación...

Los documentos vieron la luz en 1956.

Entre los autores e investigadores que pudieron recibir información privilegiada del tema se hallaba Gérard de Sède, que si el lector recuerda, era autor del libro *El oro de Rénnes*, donde dejaba entrever que detrás de él había personas que manejaban documentación veraz y no accesible a cualquiera. Uno de ellos era un tal Pierre de Plantard, del que hablaremos más tarde...

Los protocolos de los sabios de Sion...

A finales del siglo XIX apareció un opúsculo que mostraba su más rotundo rechazo a todo lo que oliera a masonería o judaísmo, pues según éste se había puesto en marcha una conspiración internacional cuya finalidad era la de instaurar un gobierno en la sombra que gobernara los designios de la humanidad. ¿Habían salido aquellos folios de las entrañas del mismísimo Priorato, o se trataba de un ataque directo a los posibles objetivos que movían a éstos, desde un colectivo más conservador que los susodichos?

Sea como fuere, esta historia tiene los suficientes elementos para meter a judíos, masones, esoteristas y ultraderechistas en el mismo saco.

En el citado manuscrito, titulado *Los Protocolos de los sabios de Sion*, se mostraban las bases de un orden social y político dirigido por un grupo de poderosos hijos de Israel. En el mismo se denunciaba ferozmente la terrible operación que ya había sido puesta en marcha para que los miembros de este colectivo, los llamados "sabios", impusieran su gobierno, y a su gobernante...

No está muy claro, pero se supone que esta "declaración de intenciones" en forma de amarillento libreto se gestó en el Congreso Supremo Judaico Internacional celebrado en Basilea en el año 1897. La siguiente pista que tenemos del mismo, ya bajo la forma de un producto encuadernado y dispuesto a ser presentado, nos llega de la corte de los zares rusos, donde es sabido que los monarcas solía rodearse de eru-

Plantard aparecía como cabeza visible.

ditos versados en las más diversas ciencias herméticas; uno de ellos, posiblemente el más célebre, era Rasputín, pero no el único. También se hallaba muy cerca de los monarcas un súbdito francés llamado Monsieur Philippe, reconocido en los célebres círculos esoteristas galos.

Su proximidad al zar y a la zarina despertó los recelos de otros nobles que querían situar a sus validos en la órbita del poder real. Tal era el caso de la gran duquesa Isabel, que no dudó a la hora de presionar para introducir en las más altas esferas a un hombre desgarbado y taciturno llamado Nillus. Éste, intentando atajar en su camino de ascenso, optó por la vía rápida y mostró al zar Nicolás un infame manuscrito en el que se hablaba de una gran conspiración, urdida por intereses poderosos. El mandatario poco caso hizo al mismo, pues no sólo se desprendió del panfleto sino que desterró al citado Nillus, que no regresaría más a la corte rusa.

El olvido, ese visitante implacable, pareció caer sobre los extraños documentos, hasta que...

Reaparecieron con tal fuerza que el odio al judío creció vorazmente. Incluso los acólitos de Hitler –que creía firmemente en los mismos– los utilizaron para verter más injurias sobre este pueblo. No en vano lo que mostraban tales documentos era la intención de llevar a cabo la total dominación del mundo, introducirse en gobiernos y en sociedades secretas para menoscabar su fuerza e imponer finalmente su despótico criterio... En España aún se conservan pocos ejemplares de tan detestable libelo. Son difíciles de conseguir, pues prácticamente se han convertido en piezas de anticuario. Pero nosotros tenemos uno, y es curioso cuanto menos ofrecerles a todos ustedes, a modo de declaración de intenciones, el prólogo de la única edición española, de 1936. No tiene desperdicio...

El Gran Maestre del Priorato de Sion.

"Al presentar al público los célebres PROTOCOLOS cabría insertar un trabajo literario como prólogo y unos comentarios de guía e ilustración de cada artículo.

Pero dadas las circunstancias especiales porque atraviesa nuestra querida patria –Guerra Civil Española–, y de cuya tragedia tienen la culpa los ocultos manejos judío-masónicos, queremos que sean los propios lectores los que hagan los debidos comentarios.

Ahí están los Protocolos, desnudos, sin adornos ni tapujos.

Queremos divulgarlos por creerlo de pública necesidad. Para los que no los conozcan, es como si abriesen una ventana y contemplasen un panorama inesperado de enormes y espantosas perspectivas jamás soñadas (...).

¿Cuáles son, pues, el origen y el valor de estos protocolos? A semejanza de la chispa eléctrica que en las retortas provocan los precipitados químicos, los Protocolos tuvieron la inmensa fortuna de provocar reacciones antijudaicas, revelando a los distintos pueblos un inminente peligro y dando a conocer el plan de campaña concebido por Israel para realizar su grandioso destino, el objeto de sus ambiciones seculares: EL DOMINIO DEL MUNDO.

La asociaciones sionistas tuvieron en 1897 un Congreso en Basilea, y en él se fijaron las bases de un programa de conquista cuya amplitud quedó perfectamente justificada en vista de los éxitos obtenidos. Dicho programa no incluía solamente los fines posteriores y últimos que habían de perseguirse, sino que también anunciaba los métodos que había que ponerse en práctica y las reglas tácticas que era necesario observar. Las distintas secciones del Congreso redactaban los 'Procesos Verbales' o actas de sus sesiones, llamadas 'Protocolos', cuyo objeto es conservar y perpetuar la norma de estos conciliábulos secretos (...).

En sus panfletos internos alegaban ser herederos de la primera Orden.

La conclusión de todo ello es que los 'Protocolos' contienen la esencia del hebraísmo. Así, aún cuando hubiesen sido inventados, nadie podría negar que su contenido no sea la expresión fidedigna de la voluntad de Israel.

—Firmado— A. M. D. G.".

Al margen de estas perlas, en la contraportada de esta edición el anónimo autor se despedía, no sin antes recomendar que "dé a conocer este libro a todos sus amigos y personas de buena voluntad que quieran evitar el peligro que bajo *la dirección del JUDAÍSMO, está propagando en todo el mundo la MASONERÍA".* Ahí es nada.

¿Quién estaba detrás de los Protocolos? Es difícil que salieran del citado Congreso de Basilea, pues existen documentos que afirman que años antes, concretamente en 1884 ya existían versiones de los mismos circulando por Europa y América. Al margen de las disquisiciones sobre los posibles autores, los textos parecían estar sustentados sobre informaciones reales, que con el paso del tiempo, o por algún sórdido motivo que desconocemos, fueron manipulados. A este respecto, los autores de *El Enigma Sagrado* afirmaban, a modo de conclusión, que *"había un texto original en el que se basó la versión publicada de los Protocolos. Este texto original no era una falsificación, sino que era auténtico. Pero no tenía absolutamente nada que ver con el judaísmo ni con una 'conspiración judía internacional'. Más bien salió de alguna organización masónica (...) en cuyo nombre constaba la palabra 'Sion".* ¿El célebre Priorato? Baigent, Lincoln y Leigh continuaban argumentando, acertadamente, que *"el texto original que sirvió de base para la versión publicada de los Protocolos no tenía por qué estar escrito en un lenguaje provocativo o incendiario. Pero es muy posible que incluyera un programa encaminado a la obtención de poder, a infiltrarse en la francmasonería, a controlar instituciones sociales, políticas y económicas".* Finalizaban los escritores del *best-seller* asegurando que *"es más bien un texto alterado de forma radical. Pero, a pesar de las alteraciones, se advierten en él ciertos vestigios de la versión original (...). Estos vestigios —que aludían a un rey, un papa, una Iglesia internacional y Sion— (...) es posible que fueran extremadamente pertinentes para una sociedad secreta. Tal como averiguamos más adelante, eran —y siguen siendo— de importancia primordial para la Prieuré de Sion".*

Recordemos que entre sus objetivos estaba el de instaurar en el trono al que consideraban legítimo aspirante... ¿Quién conocía los planes de esta sociedad, que pretendía dinamitarlos a toda costa? Con certeza no lo sabemos, pero sí podemos refrendar que los fundadores del Priorato de Sion actual —1956—, pese a que en el momento álgido de su existencia reclamaron para sí la sangre de la estirpe real de la casa de David, como "legítimos herederos" de la dinastía griálica, años antes destacaron por ser fervientes practicantes del totalitarismo más nauseabundo.

Las incongruencias eran más que evidentes. ¿Era el Priorato un invento desarrollado por unos cuantos locos con delirios de grandeza? ¿Tenía alguna

MARIANO FERNÁNDEZ URRESTI Y LORENZO FERNÁNDEZ BUENO

relación real con la antigua Orden de Sion? ¿Había sido constituida como elemento de unión de ideologías conservadoras que abogaban por el retorno a la tradición? ¿O por el contrario era la respuesta al creciente interés que determinadas corrientes progresistas de la Europa del momento estaban instaurando entre la población? Preguntas y más preguntas que nos conducen a un personaje singular: Pierre de Plantard, ultraderechista y antisemita, que a su vez reclamaba para sí el trono de Tierra Santa, pues él era heredero de la estirpe real...

La cabeza de la hidra

NACIDO EN EL AÑO 1920 EN EL SENO DE UNA FAMILIA de nobles venida a menos, en 1937 Pierre de Plantard –recuerde el lector que *plant ard* ya ha aparecido en este libro, novecientos años antes...– era la cabeza visible de una organización conocida como "La Unión Francesa", dividida en dos brazos: "Por la Unidad", con un total de 10.414 miembros, y "Jóvenes de Francia", con aproximadamente 1.600. En 1939 establecieron tres campamentos de verano en los que se impartían enseñanza extremas; en otras palabras, se adoctrinaba a los jóvenes para que tuvieran tendencias antijudías y antimasónicas. Pero esta organización no fue sino un experimento preliminar para lo que estaba por llegar, y que pergeñaba en la cabeza de este hombre de aspecto frágil e imaginativo en exceso.

Pierre, de clara tradición ultraconservadora, fundaría poco después la sociedad *Alpha Galates*, supuesta orden de caballería que recuperaba para sí la tradición esotérica y contrarrevolucionaria gala, adscrita al *Gran Oriente Francés*, cuyo órgano de difusión era la revista *Vaincre*. Por estas fechas se dedicaba a proclamar una y otra vez que existía un complot judeo-masónico intentando hacerse con el poder. Su obsesión era tal, que incluso llegó a enviar un informe del mismo al mariscal Marshall Pétain, puntal de la Francia invadida por los nazis, para ponerle alerta de tal cuestión. Era importante renovar y purificar la sangre francesa, frente al enemigo que representaban los acogidos bajo el pábulo de la confabulación.

Su talante fascista despertó el interés de unos servicios secretos, que atisbaban cierto peligro en el ardor que el joven imprimía en sus apariciones públicas. Acciones con las que pretendía ir más allá creando colectivos muy próximos en ideología a los que por aquel entonces se promulgaban en la Alemania de Hitler. En verdad que parecía más cercano a la doctrina que mostraban los célebres Protocolos, que a lo que en unos años acabaría abanderando.

No obstante el código ideológico de Pierre de Plantard iría variando con el paso de los años, si es que todo no respondía a un plan perfectamente urdido. Lo cierto es que a raíz de intimar con el médico de cabecera de la familia Plantard, el doctor Camille Savoire —a su vez fundador del Gran Priorato de las Galias y personaje muy introducido en las altas esferas de las sociedades secretas de su época— nuestro protagonista entró en una vorágine completamente diferente.

Pierre de Plantard dimitió en dos ocasiones, y regresó...

Así pues, en el año 1956 aparecía como fundador de la nueva sociedad conocida como "Priorato de Sion". Sí, el mismo que tiempo atrás fuera la cabeza visible de un movimiento antisionista, muy cercano a las tesis del III Reich, ahora se presentaba como heredero legítimo del trono de Tierra Santa. No en vano, en uno de los ya citados documentos pertenecientes a los *Dossiers secrets*, Plantard "surgía" como descendiente directo, según las genealogías allí contenidas, del mismísimo rey merovingio Dagoberto II. Simplemente increíble.

Y no sólo eso. En el año 1981 Pierre de Plantard era elegido en la localidad de Blois Gran Maestre del Priorato, para orgullo del "heredero", que simbólicamente había preparado su "coronación" como mandatario del Priorato en la misma ciudad en la que Nostradamus, en sus célebre Cuartetas, aseguraba que emergería el Gran Monarca Europeo. Simbolismo, simbolismo... y más simbolismo. ¿Quién era este hombre? ¿Realmente pertenecía a la casta del rabí de Galilea, o era tan sólo un loco con delirios de grandeza?

En una entrevista concedida a los autores de *El Enigma Sagrado*, en marzo de 1979, el misterioso personaje aseguraba fuera de cámaras que *"la Prieuré de Sion tenía el tesoro perdido del Templo de Jerusalén –parte del cual, como hemos visto, piensan algunos historiadores que podría estar entre las localidades españolas de Toledo y Jaén–, es decir, el botín que las legiones romanas de Tito se llevaron en el año 70 de nuestra era. Agregó que dicho tesoro 'sería devuelto a Israel en el momento oportuno'. Pero, fuera cuál fuese la importancia histórica, arqueológica o incluso política de tal tesoro, el señor Plantard la descartó diciendo que era secundaria. Insistió en que el verdadero tesoro era 'espiritual'. Y dio a entender que este 'tesoro espiritual', consistía, al menos en parte, en un secreto. De algún modo no especificado dicho secreto facilitaría un importante cambio social"*.

Las peroratas del nuevo "retoño ardiente" a partir de entonces son una arenga histórico-política en la que, por un lado se niega a desvelar dato alguno de una orden que sin pretender ser secreta, sí desea pasar discretamente por la historia –al menos la reciente–, y por otro, la defensa a ultranza de su condición de heredero, de último descendiente de la dinastía merovingia, y por consiguiente portador de la sangre judía de los reyes de Tierra Santa. Un delirio, vamos...

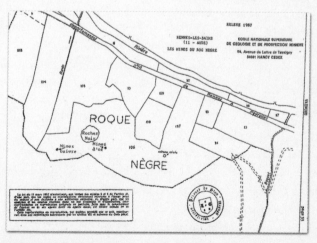

Cerca de Rénnes, según el Priorato, hay lugares que encierran secretos...

Así se estructura el Priorato

Según los ya citados estatutos de la sociedad, concretamente el undécimo, "La Asamblea general está compuesta por todos los miembros de la asociación (...) los miembros están divididos en dos efectivos: la Legión, encargada del apostolado, y la Falange, guardiana de la Tradición.

Los miembros componen una jerarquía de nueve grados". Éstos se ven reflejados en el siguiente estatuto, el duodécimo: *"La jerarquía de los nueve grandes comprende:*

> *1.- Novicios: 6.561 miembros.*
>
> *2.- Cruzados: 2.187 miembros.*
>
> *3.- Preux: 729 miembros.*
>
> *4.- Ecuyer: 243 miembros.*
>
> *5.- Caballeros: 81 miembros.*
>
> *6.- Commadeur: 27 miembros.*
>
> *7.- Connetable: 9 miembros.*
>
> *8.- Senescales: 3 miembros.*
>
> *9.- Nautonier: 1 miembro".*

Como vemos, la estructura de la orden era una mezcla de la severa regla Templaria de principios del XII, y las milicias fascistas de la Europa de mediados del siglo XX. Pero no quedaba ahí. En el siguiente estatuto, *"el consejo se compone de veinte miembros, con la función de:*

> *1.- Presidente.*
>
> *2.- Vicepresidente.*
>
> *3.- Secretario.*
>
> *4.- Tesorero.*
>
> *5.- 16 miembros encargados de la sección de documentación".*

Grosso modo así fue constituido el Priorato de Sion; ¿demasiadas molestias para un burdo montaje? Quién sabe... Lo cierto es que Plantard sabía demasiado, y esos conocimientos tuvieron que salir de algún lado.

En conclusión...

A ESTAS ALTURAS POCAS DUDAS CABEN DE QUE HAYA EXISTIDO el Priorato de Sion, cuyos miembros serían herederos de la antigua Orden fundada en 1099 en Jerusalén, con el objetivo de proteger el mayor de los secretos: lo referente a la descendencia de Jesús de Nazaret. Es posible que este colectivo fuera el garante de una información tan trascendental, pues no sólo aludiría a la fertilidad del mismo, representada en su descendencia, sino que existiría una línea dinástica procedente del rabí de Galilea. Ahora, de ahí a que ello fuera real, y más aún, de que Plantard y sus secuaces fueran los "descendientes" de aquellos primigenios cruzados, dista un mundo. Es más que probable que Pierre de Plantard se hiciera eco de una historia que por aquel entonces comenzaba a cobrar visos de mito, tal era la acaecida en la pequeña aldea de Rénnes-le-Château, y la tomara para sí a fin de dar rienda suelta a su megalomaníaca personalidad.

Sea como fuere el asunto continúa levantando pasiones; la última, *El Código da Vinci*. Y exista o no este colectivo, fuera fruto de una imaginación privilegiada o los estertores de una orden arcana que manejó demasiado conocimiento hace siglos, nunca lo sabremos. De ser el Priorato una farsa urdida sobre la base de unos documentos antisemitas cuya única finalidad era, en época de preguerras, levantar odios acérrimos hacia los judíos, seguro que otras sociedades herméticas y discretas están en estos mismos instantes velando para que el secreto, el real, continúe estando protegido.

Dios dirá... o en este caso, sus hijos...

Bibliografía

ALARCÓN HERRERA, RAFAEL: *A la sombra de los templarios*. Martínez Roca, 1998.

ALMAZÁN DE GRACIA, ÁNGEL: *Los códices templarios del Río Lobos*. Sotabur, 1997.

AMBELAIN, R.: *Jesús o el secreto mortal de los templarios*. Martínez Roca, 2002.

ANDREWS, RICHARD: *La tumba de Dios*. Martínez Roca, Barcelona, 1996.

ARES, NACHO: *Vírgenes negras*. "Las Isis europeas". Revista *Más Allá de la ciencia*, monográfico nº 27. Diciembre de 1998.

BAIGENT, M. Y OTROS: *El legado mesiánico*. Ed. Martínez Roca, Barcelona, 1987.

BAIGENT, M., LEIGH, R. Y LINCOLN, H. *El enigma sagrado*. Martínez Roca, 1985.

BROWN, DAN: *El Código da Vinci*. Umbriel, Barcelona, 2003.

ESLAVA GALÁN, JUAN: *El enigma de la mesa de salomón*. Planeta, 1988.

FABER-KAISER, ANDREAS: *Jesús vivió y murió en Cachemira*. A.T.E., Barcelona, 1976.

FERNÁNDEZ BUENO, LORENZO: *Crónicas del misterio*. Edaf, 2001. *Los Guardianes del Secreto*. Bueno. Edaf, Madrid, 2002.

FERNÁNDEZ URRESTI, MARIANO: *La cara oculta de Jesús.* Nowtilus, Madrid, 2002. *Los templarios y la palabra perdida*. Edaf, Madrid, 2003.

FULCANELLI: *El misterio de las catedrales*. Plaza&Janés, 1972.

GARCÍA DE CORTÁZAR: *Historia General de la Alta Edad Media*. Mayfe, 1970.

GARDNER, LAWRENCE: *La herencia del Santo Grial.* Ed. Grijalbo, Barcelona, 1999.

GUIJARRO, JOSEP: *El tesoro oculto de los templarios*. Martínez Roca, 2001.

HOWARD, MICHAEL: *La conspiración oculta*. Edaf, 1989.

JAVALOYS, JOAQUÍN: *El origen judío de las monarquías europeas.* Edaf, 2000.

KINER, HERMANN: *Atlas histórico mundial.* Ed. Istmo, Madrid, 1980.

LAIDIER, KEITH: *The divine Deception*. Headline, 2000.

LAMY, MICHEL: *La otra historia de los templarios*. Martínez Roca, Barcelona, 1999.

MAESTRE GODES, JESÚS: *Viaje al país de los cátaros*. Círculo de Lectores, 1997.

MERENS, BERNARD: *María Magdalena, hija de Eva...* Planeta, Barcelona, 1989.

PAGELS, ELAIN: *Los evangelios gnósticos.* Ed. Crítica, Barcelona, 1990.

PICHON, JEAN-CHARLES: *Historia Universal de las sectas.* Bruguera, 1971.

PICKNETT, LYNN: *La revelación de los templarios*. Martínez Roca, Barcelona, 1997.

PUJOL, CARCENAC: *Jesús 3.000 años antes de Cristo*. Plaza&Janés, Barcelona, 1987.

ROBIN, JEAN: *Operación Orth*. Heptada, Ediciones, 1990.

SANTONI, ERIC: *El judaísmo*. Acento Editorial, Madrid, 1996.

SCHONFIELD, HUGH: *El enigma de los esenios*. Edaf, 2001.

SÉDE, GERAR DE: *El tesoro de los cátaros*. Plaza&Janés, 1976. *El oro de Rénnes*. Plaza&Janés, 1976. *El misterio de Rénnes-le-Château*. Martínez Roca 1991.

WALKER, MARTIN: *La tragedia de los cátaros*. Edicomunicaciones, Barcelona, 1993.

INVESTIGACIÓN ABIERTA

La colección **"INVESTIGACIÓN ABIERTA"** pretende abrir nuevas vías en el periodismo de investigación, apoyándose en la labor de reporteros de contrastado prestigio, en campos tan diversos como la política, los fenómenos paranormales, la historia… que en definitiva están de rabiosa actualidad, y despiertan encendidos debates y abiertas polémicas. Es por ello que la audiencia cualitativa de esta colección es tan variada y diversa como las temáticas que se van a abordar en la misma.

No obstante el lenguaje directo y valiente que se emplea en todos y cada uno de los trabajos hacen de éstos auténticos ejemplos del periodismo de reportaje más vivo y audaz del momento.

LA ESTRATEGIA DE HITLER

Las raíces ocultas del Nacionalsocialismo
Autor: **Pablo Jiménez Cores**
ISBN: **84-9763-093-9**
EAN: **978 849763093-1**
Formato: **14x20**
Encuadernación: **Rústica con solapas**
Páginas: **232**
Colores: **b/n**

Fue una tormenta que asoló el mundo. La guerra, los millones de muertos, el holocausto… son sólo la punta del iceberg, la auténtica batalla, la que estuvo a punto de cambiar a Europa de arriba abajo, fue la de las ideas. El nazismo era -y sigue siendo, porque permanece vivo- un movimiento que, más allá de lo político y de lo militar, cambiaba los valores tradicionales por otros nuevos, tan atractivos como para seducir a un país entero. En este libro, fruto de una investigación objetiva y descarnada, descubriremos paso a paso cómo y dónde alimentó Hitler los conceptos, a veces enraizados en lo mágico y legendario, que cristalizaron en el nazismo y que aún seducen a millones de jóvenes.

LAS CARAS DE LA DISCORDIA

Belmez, ¿y ahora qué?

Autores:
David E. Sentinella y **Lorenzo Fernández Bueno**
ISBN: **84-9763-095-5**
EAN: **978 849763095-5**
Formato: **14x20**
Encuadernación:
Rústica con solapas. INCLUYE CD AUDIO
Páginas: **232.** Colores: **b/n**

En agosto de 1971 la pequeña localidad jienense de Bélmez de la Moraleda pasó a ser portada de los principales diarios nacionales. La razón: en el suelo de cemento de una de sus casas había aparecido una cara. A ésta siguieron otras tantas, convirtiendo aquel rincón de la serranía en un auténtico templo de lo imposible. Pero más allá del misterio, la amplia documentación existente en torno al mismo es abrumadora: cartas gubernamentales, protocolos notariales, entrevistas, análisis del CSIC… y más de dos mil fotografías del fenómeno paranormal y sociológico más importante de los últimos treinta años. Además, a raíz de la muerte de la dueña de la casa el pasado 3 de febrero de 2004, a la que muchos atribuían la facultad de producir las caras, hemos sido los primeros en entrar, y ésto es lo que hemos encontrado… Una aventura sin igual recordando un suceso que ha conmocionado España.

MENTIRAS OFICIALES

10 conspiraciones que han cambiado la historia

Autor: **David Heylen Campos**
ISBN: **84-9763-094-7**
EAN: **978 849763094-8**
Formato: **14x20**
Encuadernación: **Rústica con solapas**
Páginas: **232.** Colores: **b/n**

Después de leer este libro, difícilmente podrá ver la vida como antes. En este trabajo de investigación, su autor nos muestra información certera de sucesos que han conmocionado a la opinión pública, y cuya verdad ha sido ocultada por un auténtico poder en la sombra. Las mentiras del asesinato de Kennedy, los secretos del 11-S y la trama de Osama Bin Laden, o más recientemente, la historia oculta de los terribles atentados del 11-M, son tan sólo una ínfima parte de los sólidos argumentos que se ofrecen en esta obra